AF469009

UNE

REVANCHE FRANÇAISE

FORMIGNY (15 AVRIL 1450)

PAR

G. BRUNET

LIEUTENANT AU 22e RÉGIMENT D'INFANTERIE

PARIS
LIBRAIRIE MILITAIRE, R. CHAPELOT ET Cie
IMPRIMEURS-ÉDITEURS
30, Rue et Passage Dauphine, 30

1904

UNE
REVANCHE
FRANÇAISE

CARTE DE LA CAMPAGNE DE 1450

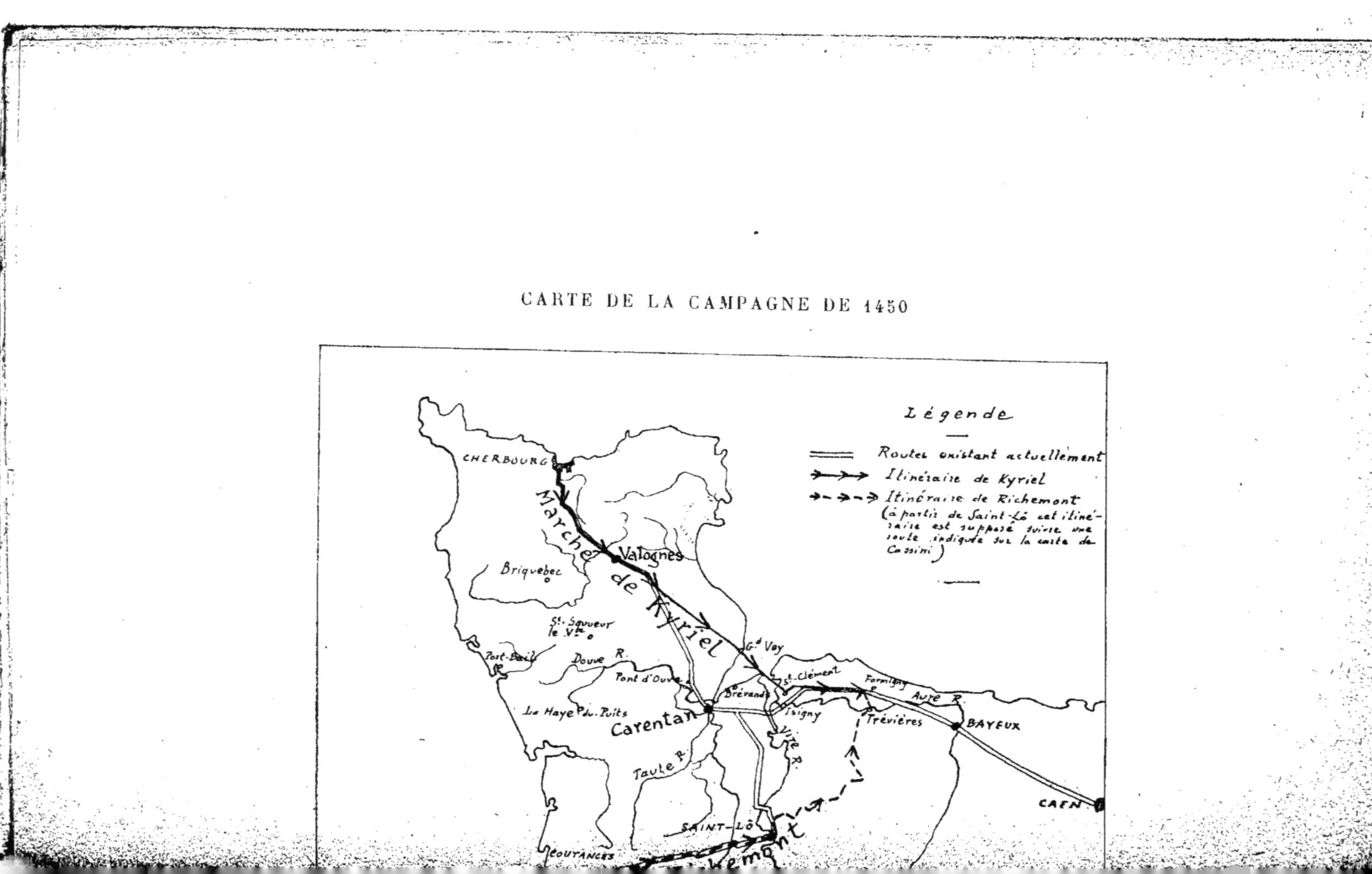

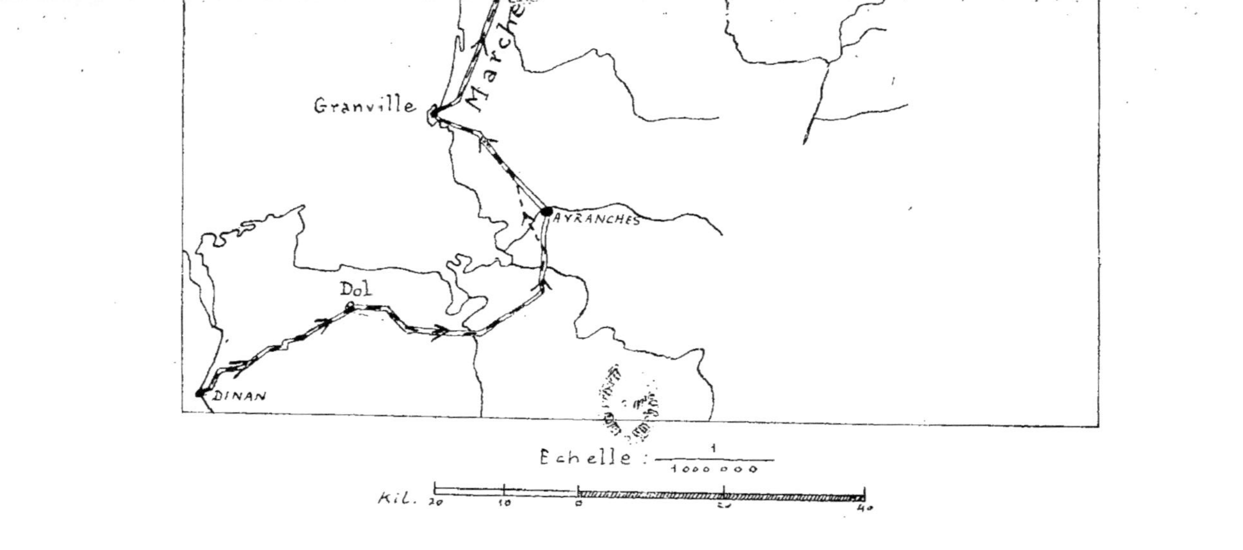

Echelle : $\frac{1}{1\,000\,000}$

Kil. 20 10 0 20 40

UNE
REVANCHE
FRANÇAISE

FORMIGNY (15 AVRIL 1450)

PAR

G. BRUNET

LIEUTENANT AU 22e RÉGIMENT D'INFANTERIE

PARIS

LIBRAIRIE MILITAIRE, R. CHAPELOT ET Cie

IMPRIMEURS-ÉDITEURS

30, Rue et Passage Dauphine, 30

1904

A

M. GASTON LA BASTIDE

En reconnaissance de sa précieuse collaboration.

INTRODUCTION

Le nom de Formigny évoque la ruine de la domination anglaise en Normandie, la fin de la guerre de Cent ans. Cependant aucune étude militaire de cette mémorable journée n'a été tentée jusqu'ici. Il ne faut pas trop s'en étonner. Les guerres du moyen âge offrent peu d'enseignements pratiques, et moins d'intérêt au plus grand nombre d'entre nous que les campagnes modernes. Nous nous plaisons à l'actualité ; et il nous semble que, par définition, l'histoire d'il y a quatre cents ans n'est rien moins qu'actuelle.

Pourtant n'existe-t-il pas des questions qui bravent l'épreuve des siècles, et qui, « actuelles » autrefois, le demeurent aujourd'hui encore ? S'il fut un temps, par exemple, où l'on aurait pu parler de la *Supériorité des Anglo-Saxons*, c'est bien à l'époque de la guerre de Cent ans, où cette supériorité s'affirmait en fait par la conquête, où un monarque anglais était couronné et reconnu roi de France. Les théoriciens d'alors auraient eu beau jeu sans doute pour enseigner la déchéance de notre race, et proclamer la nécessité de nous incliner devant la race conquérante.

La France du xve siècle pensa différemment. On sait par quel remarquable et vigoureux effort elle rejeta de son sein les intrus, et comment, après s'être affirmée une nation, elle maintint ferme sa volonté de ne plus obéir qu'à elle-même. Pour cela il lui fallut consentir à une lutte acharnée, dont je me propose de retracer seulement l'un des derniers épisodes [1].

*
* *

L'étude qu'on va lire pourrait être intitulée: *Comment les Français firent échouer au* xve *siècle un débarquement sur leurs côtes.* Ainsi annoncée, elle répondrait encore à des préoccupations vraiment « actuelles ». Faut-il rappeler que depuis Fachoda jamais questions ne furent plus à l'ordre du jour que celles qui ont trait aux débarquements, à la défense des côtes, à la guerre anglaise ? Sans doute nous voyons les calculs de la politique s'employer à éviter un choc que beaucoup, il y a quelques années, pouvaient croire imminent. Ce qui n'empêche pas l'attention des stratégistes et des hommes d'État de se porter, plus vive que par le passé, sur notre frontière maritime. Dans la presse, comme au Parlement, on a montré combien cette frontière avait été jusqu'ici négligée. On a découvert que le littoral, sur presque tous ses points, était pour ainsi dire offert à l'ennemi. Des discussions se sont ensuite engagées sur le point de savoir si les débarquements étaient possibles, et s'il nous faudrait longtemps, avec les troupes

[1] Le présent travail a été couronné en 1903 par la société normande *la Pomme* (Récompense du gouvernement).

de terre, pour jeter à la mer les envahisseurs...

Je n'ai point à prendre parti dans le débat, me bornant à constater, après M. Lockroy, que l'histoire présente des exemples de débarquements efficaces. C'est ainsi qu'à Santiago les Espagnols, quatre fois supérieurs en nombre, ont vainement cherché à *jeter à la mer* les Américains ; et qu'autrefois, pour reprendre Toulon, il nous a fallu Bonaparte [1].

La campagne de 1450 eut pour théâtre le Cotentin et la région du Bessin. Or on reconnaît que le Cotentin, véritable plate-forme avancée dans la mer, offrirait encore de nos jours les plus grands avantages à une armée d'occupation. Cherbourg, avec la portée actuelle de l'artillerie, n'est pas à l'abri d'un bombardement. Et quant aux côtes de la presqu'île, elles sont facilement abordables, tant du côté de l'est, où de nombreuses baies y pénètrent, que du côté de l'ouest, où les îles anglo-normandes les menacent. L'ennemi trouverait des ressources abondantes dans cette langue de terre environnée d'eau, d'une grande richesse agricole. Et pour s'y retrancher, il suffirait de tenir la ligne de gorge qui va du havre de Port-Bail à la baie des Veys, d'occuper les hauteurs de la rivière de Port-Bail, et de tendre les inondations dans la vallée de la Douve et de ses affluents [2]...

Je ne me permets ces courtes réflexions que pour tâcher de mieux marquer l'intérêt qui parfois s'attache à l'étude de notre vieille histoire nationale.

[1] Lockroy. *La défense navale*, p. 166.

[2] Marga. *Géographie militaire*, 1re partie, I, 24-25.

CHAPITRE PREMIER

LA CAMPAGNE DE KYRIEL DANS LE COTENTIN

I

Situation de la Normandie jusqu'en 1449. — Campagne de 1449 et préparatifs de la campagne de 1450.

Avant d'aborder l'analyse de la campagne de 1450, il n'est pas superflu de jeter un rapide coup d'œil sur la situation où se trouvait la Normandie à la veille de sa délivrance.

Conquise en 1417 par Henry V, la Normandie avait peut-être été de toutes nos provinces celle qui accepta le plus facilement la domination anglaise. Deux causes expliquent ce résultat. D'abord les moyens qu'employa le très politique prince anglais pour s'attacher sa conquête : expulsion de familles entières et transplantation de colons, destinées à écarter l'opposition de la bourgeoisie et de la noblesse ; flatteries à l'adresse du clergé ; ménagements voulus à l'égard du peuple des campagnes. La seconde cause fut l'état d'anarchie où le reste de la France était alors plongé, sous le roi fou Charles VI. Pendant longtemps la Normandie fut la seule province à jouir d'un gouvernement régulier et à peu près tolérable. Tant il est vrai que la politique est parfois responsable de l'élévation ou de l'amoindrissement du sentiment national.

Lorsque, pendant la régence du duc de Bedford, les hostilités reprirent entre la France et l'Angleterre, la Normandie resta une des parties les plus tranquilles, les moins malheureuses du royaume.

Mais, quelques années plus tard, les causes inverses de celles qui avaient facilité la conquête, agirent cette fois en faveur de la France.

1° Après que Jeanne d'Arc, dans sa campagne d'un an (1429-1430), eut porté aux Anglais les rudes coups qui ont immortalisé sa mémoire, les hommes de guerre de Charles VII poursuivirent, jusqu'en 1436, l'œuvre de l'héroïne. Durant leurs incessantes chevauchées, la guerre plus d'une fois se rapprocha des Marches normandes, jetant l'inquiétude et la colère parmi les barons anglais, installés dans la province. Ce fut pour la Normandie la fin de la tranquillité. Elle dut subir les représailles des défaites dont ses maîtres souffraient ailleurs. Elle vit ses coutumes violées, ses richesses pillées, et elle comprit alors que c'était des ennemis qu'elle nourrissait depuis quinze ans[1]. En 1433 dans le Bessin, en 1435 dans le pays de Caux, nous voyons éclater des révoltes. Une nouvelle ère commence. A la faveur des troubles, le brigandage se développait dans d'effroyables proportions. En vain les Anglais cherchaient-ils à enrayer ce nouveau fléau. Comme le disait Thomas Basin, évêque de Lisieux, le seul re-

[1] Voir l'étude de Puiseux, *Insurrections populaires en Normandie pendant l'occupation anglaise au* XV*e siècle* (*Mémoire de la Société des Antiquaires de Normandie, année* 1851).

mède contre les brigands, c'était le départ des Anglais [1].

2° Précisément à cette époque le calme et la prospérité commençaient de renaître dans les États de Charles VII. Nouvelle raison pour augmenter les progrès de la désaffection dans l'ancienne province préférée de Henry V. Cette désaffection, le roi de France s'efforça de l'accroître dans la mesure de son pouvoir, en protégeant les Normands qui s'expatriaient, en les exemptant, par exemple, des aides, puis de la taille [2].

Il ne se borna pas à ces mesures de protection. La libération totale du territoire, telle était l'œuvre que, par-dessus tout, il avait à cœur. Après avoir organisé, par les ordonnances de 1445, ses nouvelles Compagnies d'ordonnance [3], après s'être assuré le concours du duc de Bretagne [4], il déclara la guerre à l'Angleterre, le 31 juillet 1449 (assemblée des Roches-Tranchelions), et entra aussitôt en campagne. Le duc François de Bretagne et son oncle, le connétable de Richemont, se saisirent du Cotentin et de la Basse-Normandie, pendant que l'armée royale, avec Brézé, Clermont, Dunois,

[1] Guibal. *Histoire du sentiment national en France pendant la guerre de Cent ans*, p. 511 et suiv. — Petit-Dutaillis, dans l'*Histoire de France* de Lavisse, t. IV, 2e partie, p. 80 et suiv.

[2] Voir l'ordonnance du 16 janvier 1442 citée par Levasseur. *Histoire des classes ouvrières en France*, I. 434. Elle porte « exemption de toutes les aides pour la guerre durant trois ans, excepté de l'aide du vin, à ceux du duché de Normandie qui, s'étant expatriés, sont venus depuis un an ou viendront demeurer dans la ville de Paris ou faubourgs d'icelle ». Voir aussi les documents publiés là-dessus par Vallet de Viriville dans la *Bibliothèque de l'école des Chartes*, III, 2e série, p. 130.

[3] Ordonnance du 9 janvier (publiée en partie par V. de Viriville, *loc. cit.*). — Ordonnance d'avril. — Ordonnance de Louppy-le-Château, publiée par M. Cosneau, dans *Le Connétable de Richemont*, p. 610.

[4] Il signa avec lui un traité, le 27 juin 1449. Voir le texte dans Morice, *Mémoires pour servir de preuves à l'histoire ecclésiastique et civile de Bretagne*, II, 1510.

Saintrailles, etc. marchait sur la Basse-Seine en prenant Rouen pour objectif.

Campagne aussi heureuse que rapide [1]. Le duc de Somerset, gouverneur de la Normandie, fut bientôt réduit à se réfugier dans Caen, après la prise de Rouen (22 octobre), et, au commencement de l'hiver, il ne compta plus parmi ses garnisons que Falaise, Bayeux, Cherbourg, Saint-Sauveur-le-Vicomte, Avranches et Briquebec. Il ne cessait de demander des renforts à son gouvernement, ne pouvant douter que, si rien n'était tenté pour le secourir, la conquête de la province serait à bref délai terminée par les Français.

La Cour de Londres, trop occupée jusque-là à d'obscures intrigues politiques pour prêter l'oreille aux appels du gouverneur, finit cependant par s'émouvoir. « Il sembloit, dit un historien anglais, qu'un esprit d'étourdissement s'étoit emparé du Conseil, où on avait pris plus de soin de fourrer des créatures de la Reine et du duc de Suffolk, que des gens capables de manier les grandes affaires [2]. » Poussé peut-être par sa femme, Marguerite d'Anjou, Henry VI secoua sa torpeur. Il dut suppléer à l'insuffisance du Trésor en engageant ses joyaux : des flambeaux incrustés de pierreries, des bagues, des coupes ciselées, une riche épée en or [3]. De la sorte il rassembla quelques ressources, put envoyer des munitions

[1] Sur la campagne de 1449, v. Cosneau. *Richemont*, p. 391 et suiv. — Léopold Delisle. *Histoire du château et des sires de Saint-Sauveur-le-Vicomte*, p. 256 et suiv.

[2] Rapin Thoyras, *Histoire d'Angleterre*, IV, 132.

[3] V. les documents publiés par Stevenson, *Leters and papers illustrative of the wars of the English in France during the reign of Henry the Sixt*, I, 503 à 513.

à Caen et à Cherbourg. Après quoi un writ en date du 20 décembre 1449 ordonna la formation d'une armée, dont le commandement fut donné à Thomas Kyriel.

Ce général reçut pour mission de faire voile sur Cherbourg. Il marcherait ensuite dans la direction de Caen pour opérer sa jonction avec Somerset. Mais d'abord on laissa passer l'hiver, afin de n'avoir aucun risque à courir dans la traversée de l'Océan. En sorte que ce ne fut qu'au commencement de mars 1450 que l'armée, suprême espoir de la monarchie anglaise, s'embarqua enfin pour la France[1].

[1] Vallet de Viriville. *Histoire de Charles VII*. III, 192.

II

Siège et prise de Valognes par Kyriel. — Les forces françaises : l'armée de Richemont. — L'armée de Clermont.

Elle arriva à Cherbourg le 15 mars, et y coucha. Elle pouvait comprendre environ quatre mille hommes[1]. Mais elle ne tarda pas à se grossir des garnisons voisines de Cherbourg, de Briquebec et de Saint-Sauveur-le-Vicomte[2].

En apprenant son arrivée, le duc de Somerset laissa, dit-on, éclater sa joie : « O Charles ! Charles ! s'écria-t-il, vous nous avez traqué en chasseur impitoyable,

[1] Le chiffre des effectifs anglais est incertain. Une lettre adressée au roi le 16 mars par Geoffroy de Couvran, capitaine de Coutances, porte que *quatre ou cinq mille* Anglais viennent de débarquer à Cherbourg. *Chronique de Mathieu d'Escouchy*, édition du Fresne de Beaucourt, I, 277, note 1. — Mais Abel Rouault n'annonce que l'arrivée de *deux à trois mille* (voir la note suivante). — Les chroniqueurs sont aussi partagés : Berry, du Clercq, Chartier disent 3 000, Blondel 5 000, d'Escouchy 5 à 6 000, Basin 6 à 7 000. L'hésitation se comprend si l'on remarque que l'armée de Kyriel s'accrut, d'abord à Cherbourg, et ensuite sous les murs de Valognes.

[2] Le 1er avril, Guillaume Lecoq, « lieutenent général » du bailli du Cotentin, ordonne de payer à Sandres Broquart 50 s. t. pour être allé porter à Rennes des « lettres closes » d'Abel Rouault, capitaine de Valognes, « faisant mencion comme les Anglais..., nagueres descendus à Chierbourg, au nombre de deux à trois mille, *et auxi partie d'iceux de Chierbourg, de Saint Sauveur-le-Vicomte, de Briquebec...*, estoient assemblés et joins ensemble, avecques grant nombre de charroys, artillerie, canons et aultres ordonnances de guerre, en entencion de venir assiéger ladicte ville et forteresse de Valloignes... » Publié par Cosneau, *Richemont*, p. 628.

mais je vous tiens maintenant[1] ! » Impatient de voir la concentration anglaise s'accomplir le plus vite possible, il eût désiré que Kyriel marchât directement sur Bayeux. Il se flattait de pouvoir à bref délai mettre en ligne une douzaine de mille hommes, réunissait déjà des machines de guerre destinées à reconquérir les places perdues de la Basse-Normandie[2]...

L'événement prouva qu'il n'avait pas tort de vouloir se hâter. Mais son attente fut déçue. Kyriel, avant de continuer sa marche, résolut de se saisir de Valognes, considérant, non sans quelque raison, comme une imprudence de s'aventurer dans un pays où l'ennemi, qui tenait déjà Pont-d'Ouve[3], Saint-Lô et Carentan, ne manquerait pas de l'inquiéter, l'empêcherait de lever des tributs, et menacerait sa ligne de communication[4]. En conséquence le nouveau général fit venir de Cherbourg une bombarde et un engin volant, et le vendredi de la Passion (27 mars) il commença le siège de Valognes[5].

Le capitaine de cette place, Joachim Rouault, était alors auprès du comte de Clermont. Ce fut Abel, frère de Joachim, qui dirigea la défense. Sentant bien d'ailleurs que, livrée à ses seules forces, Valognes était vouée à une capitulation certaine, il s'empressa de rendre compte de la situation au duc François de Bretagne,

[1] Blondel, *De reductione Normanniæ*, édition anglaise de Stevenson. *Narratives of the expulsion of the English from Normandy*, p. 158.

[2] Thomas Basin, *Histoire des règnes de Charles VII et de Louis XI*, édition Quicherat, I, 234-235. — Blondel, 158.

[3] Pont d'Ouve, aujourd'hui Saint-Côme-du-Mont.

[4] Blondel, 158-159. — Berry, *Le Recouvrement de Normandie* (dans Stevenson. *Narratives*...), p. 330.

[5] Blondel, 159. 161. — *Chronique de Mathieu d'Escouchy*, I, 278.

à l'amiral de Coëlivy et au connétable de Richemont[1]. Ni les uns ni les autres ne vinrent à son secours. Nous en verrons plus loin les raisons.

Rouault résista trois semaines, en les attendant. Kyriel dut faire un siège en règles. Ses fameuses machines de guerre firent souffrir à Valognes « grans dommaiges et oppression »[2], nous dit un chroniqueur. Des travaux de mines furent pratiqués[3]. Mais la ville tenait toujours bon. Somerset alors envoya contre elle des renforts. De la prompte reddition de Valognes dépendait, à son avis, le succès de la concentration anglaise. Il tira 800 hommes de Bayeux, 4 à 500 de Vire et 5 à 600 de Caen[4]. Il en donna le commandement à Mathieu Gough, vieux routier de la guerre de Cent ans, celui que nos chroniques appellent communément *Mathago*. Les contingents de Caen étaient sous les ordres de Robert Ver ; ceux de Vire sous les ordres de Henry Norbery.

En somme c'était pour l'armée de siège un secours de 1500 à 1800 hommes de troupes solides et éprouvées. Ce secours ne fut pas inutile, s'il est vrai que les Anglais perdirent 500 hommes à l'attaque du château[5].

[1] Sandres Broquart fut envoyé à Rennes, près du duc de Bretagne, et Jamet Delauney à Messac, où se trouvait le connétable. Cosneau, *Richemont*, p. 628.

[2] d'Escouchy, I, 278.

[3] Blondel, 161.

[4] Ces chiffres sont ceux que donne Berry, Blondel accuse un total de 2 000 hommes, et d'Escouchy de 1 000 à 1 200.

[5] Le chroniqueur qui rapporte ce détail dit le tenir des habitants. « ab incolis accepi ». Blondel, 161. — Sur toute cette partie de la campagne, Robert Blondel donne des renseignements très circonstanciés, qu'on peut en général admettre, malgré certaines inexactitudes prouvées de son ouvrage (V. Bréquigny. *Conquête de la Normandie par*

On présume que ce fut le 10 avril que Valognes capitula [1]. Kyriel laissa la garnison se retirer corps et biens saufs, et mit à la place de Rouault un capitaine anglais du nom de Chiswall [2]. Voulut-il ensuite, encouragé par ce premier succès, mettre aussi la main sur la Haye-du-Puits ? C'est possible, mais non certain, et en tout cas il renonça promptement à ce projet, entraîné peut-être malgré lui par les Gough et les Robert Ver, désireux de porter la guerre dans le Bessin, d'où ils venaient [3].

L'armée quitta Valognes le dimanche 12 avril, et prit la route de Bayeux et de Caen. Somerset l'attendait avec impatience [4].

Comment les Français n'avaient-ils rien tenté pour secourir Valognes ? Il semble que le comte de Richemont, connétable de France, et, depuis le 14 août 1449, lieutenant général de son neveu le duc de Bretagne, aurait pu être prêt à marcher le premier jour sans plus atten-

Charles VII, dans les *Notices et extraits des Manuscrits*, VI, 99) et ses prétentions littéraires. Notre auteur, d'une vieille famille normande établie depuis 1216 entre Cherbourg et Valognes (les Blondel de Tournebut), connaît très bien les lieux dont il parle, et l'esprit de la population. V. une *Notice sur Robert Blondel* de Vallet de Viriville (Mém. de la soc. des antiq. de Normandie, 1851).

[1] Cosneau, 406.

[2] D'Escouchy, I, 278.

[3] Mathago est souvent considéré par les contemporains comme le véritable chef de l'armée anglaise. En parlant précisément de ce départ de Valognes, le poète Martial d'Auvergne dit par exemple :

> De Norbery et Matago
> Estoient leurs Chiefs et Cappitaines
> Et chevauchoient là à gogo,
> Sans plaindre leurs pas ne leurs peines.

Les poésies de Martial de Paris dit d'Auvergne, procureur au Parlement, éd. 1724, II, 85.

[4] Blondel, 162 et 158.

dre [1]. D'autant mieux que dès le 16 janvier, c'est-à-dire trois mois avant le débarquement de Kyriel, François de Bretagne avait reçu de Charles VII l'autorisation d'entrer en Normandie et d'y opérer à sa guise [2]. Mais il n'usa pas de ces pouvoirs. Et quant à Richemont, nous savons qu'il passa l'hiver à Parthenay, séjourna ensuite à Nantes (où il se préoccupa plus, à vrai dire, de faire brûler certain sorcier que de continuer la conquête [3]), vint à Dinan à la fin de mars, alors que Kyriel était déjà dans le Cotentin, et s'arrêta en dernier lieu à Messac, le 1er avril [4], où il reçut le message d'Abel Rouault dont il a été question plus haut.

Cette lenteur pourrait nous surprendre, si nous ne savions quelles délicates affaires de famille occupaient alors la maison de Bretagne. Le duc venait de faire jeter en prison son propre frère Gilles. D'où des observations de la part du connétable, et, entre l'oncle et le neveu, des explications qui tournèrent à l'aigre. Quand Richemont voulut entraîner le duc à la guerre, ce dernier, ombrageux de caractère, et « chagrin de voir ses secrets découverts par ceux en qui il avait le plus de

[1] François Ier mourut le 18 juillet 1450 (Cosneau, 424). Son frère Pierre II fut duc de Bretagne après lui jusqu'au 22 septembre 1457, date à laquelle le connétable prit la couronne à son tour à l'âge de soixante-cinq ans, sous le nom d'Artur III (Cosneau 444). Il avait donc cinquante-huit ans en 1450.

[2] « Donnons et octroions plain povoir, auctorité et mandement espécial de, en nostre absence, représenter nostre personne, pendant qu'il (le duc François) sera en armée en ladicte Basse-Normandie... Donné à Jumièges le xvie jour de janvier MIIIIc XLIX et de nostre règne le XXVIIIe » Cosneau, 626.

[3] Gruel, *Histoire d'Artus III, duc de Bretagne*, éd. le Vavasseur p. 201 Lobineau, *Histoire de Bretagne*, éd. de 1702, I, 640 — Cosneau, 403-406.

[4] Cosneau, 406.

confiance »[1], resta dans l'inaction, et prêta peut-être l'oreille à certains conseillers amis des Anglais[2].

Le plan du connétable à ce moment aurait été de marcher lui-même droit sur Valognes, pendant que son neveu rassemblerait une armée de réserve[3]. Rendez-vous était même pris à Dol, pour arrêter les détails de la combinaison. Richemont alla faire ses Pâques dans cette ville le 5 avril, mais attendit en vain le duc[4]. Alors, perdant patience, il se mit en marche avec environ 300 lances[5]. Les principaux capitaines qui l'accompagnaient étaient le comte de Laval, le maréchal de Lohéac, Boussac, d'Orval, Sainte-Sévère, Jacques de Luxembourg[6]. Il dit à Tugdual de Kermoisan, qui s'affligeait de ne pas le suivre : « Je voüe a Dieu, je les verrai, avec la grâce de Dieu, avant retourner[7]. »

Il se dirigea sur Granville, où il put arriver le 8 avril au soir[8]. Une seconde étape lui fit gagner Coutances,

[1] Lobineau, *loc. cit.*

[2] D'Argentré, *L'Histoire de Bretagne*. éd. de 1588, f° 935.

[3] Alain Bouchard, *Les Chroniques annales des pays Dangleterre et de Bretaigne*, éd. goth. de 1531, f° CLXXXIII, v°.

[4] Gruel. 204. — Lobineau, I, 640. — M. Cosneau, qui donne à peu près le même récit, ajoute cependant (p. 206) que le connétable alla prendre congé de son neveu à Dinan, après l'avoir attendu à Dol. — D'autres disent que Richemont devait attendre le duc *jusqu'au mardi de Pâques*, et que le duc alla à Dol, mais pas plus loin. Le Beaud, *Hist de Bretagne*, éd. d'Hozier de 1638, f° 510.

[5] C'est le chiffre donné par Blondel, d'Escouchy, Basin, Berry. Chartier dit *200 à 240 lances et les archers* (*Chronique de Charles VII*, éd. V. de Viriville, II, 195). — Waurin « trois cent lances estoffées darchers et de coustilliers » *Recueil des croniques et anchiennes istories de la Grant-Bretaigne*, V, 152 (Collection Stevenson).

[6] Berry, 334. — Blondel, 174. — D'Escouchy, I, 279.

[7] Lobineau, I, 641.

[8] Voir l'itinéraire de Richemont sur le plan de la campagne de 1450. — Gruel dit (p. 204) que le connétable alla à Granville, et « le lende-

le 9 ou le 10. C'est là qu'il apprit la reddition de Valognes. Alors il s'arrêta, et comme le bruit courait que Kyriel allait venir mettre le siège devant la Haye-du-Puits, il se disposa à marcher dans cette direction [1]. Nous allons voir comment il dut abandonner ce projet.

L'armée bretonne en effet n'était pas seule en ligne. Depuis le mois de février, Jean de Bourbon, comte de Clermont [2], avait reçu de son beau-père Charles VII le titre de lieutenant général en Normandie. Il s'était occupé de réunir une petite armée de trois mille hommes environ [3], où je relève les noms de Pierre Brézé, sénéchal de Poitou, de l'amiral de Coëtivy, de Geoffroy de Couvran, Joachim Rouault, Maugny, Pierre de Louvain, Ricarville, Odet d'Aydie [4].

Mais nous ignorons à quelle date et en quel endroit fut précisément terminé le rassemblement de ces forces. Tout ce que nous savons, c'est que l'opération ne profita pas plus à Valognes que les mouvements de l'armée de Richemont. Clermont en effet, n'était encore qu'à Carentan quand il apprit, le 12 avril, la capitulation d'Abel Rouault.

main à Coutances », sans indiquer de date. Comme la distance de Dol à Granville est d'environ 75 kilomètres, il a bien fallu deux jours pour la franchir. De plus Richemont dut éviter Avranches, occupé par les Anglais.

[1] « Hic nuncius (le messager reçu à Coutances)... ducem bellorum divertit versem Sepem-Putei profecturum hostibus obviam, quos ibi vulgaris fama detulerat accessuros ». Blondel, 166.

[2] Il était fils de Charles Ier de Bourbon, et avait épousé Jeanne de France en 1447. Cosneau, 406.

[3] 5 à 600 lances. Berry, 335. — 500 lances. Blondel, 162.

[4] Berry, 332. — D'Escouchy, I, 278-279. — Waurin, V, 152.

III

Du 12 au 15 avril. — Conseil de guerre de Carentan. — Marche de Kyriel sur Bayeux. — Combat du Grand-Vey. — Nuit du 14 au 15.

Résumons la situation à cette date du 12 avril. L'armée du connétable, 1800 hommes, est à Coutances. L'armée du comte de Clermont, 3000 hommes, à Carentan. Kyriel a quitté Valognes avec 6000 hommes[1], et se dispose à défiler sur la route de Bayeux entre Carentan et la mer.

On nous apprend que Charles VII, à la nouvelle de la reddition de Valognes avait été « moult courroucé[2] ». Le début de la campagne était fâcheux pour les Français. Il ne paraît pas cependant que le roi ait donné alors nulle instruction à son gendre sur la conduite à tenir.

Clermont, à en croire Blondel, était animé de la fougue et de l'enthousiasme de la jeunesse : il eût couru droit aux Anglais, sans la prudence de ses compagnons d'armes[3]. Prudence qui d'ailleurs se comprend quand

[1] Aux 4.000 Anglais venus d'Angleterre joignons approximativement 900 hommes tirés de Cherbourg et des places voisines, plus les 1.600 hommes envoyés à Valognes par Somerset. Cela fait 6.500 hommes, total qui s'accorde avec le texte de Berry, *Recouvrement*, 331 : « Et estoient tant es dessus dictes comme en ceulx qui estoient nouvealx venus Dengleterre a cinq ou six mille combatans ». En tenant compte des pertes subies à Valognes, 6.000 peut être considéré comme le chiffre exact.

[2] D'Escouchy, I, 278.

[3] Blondel, 162.

on songe quelle rude école pour nos soldats avait été la guerre de Cent ans. Certes le temps d'Azincourt était déjà loin, et nous n'en étions plus à apprendre, après Duguesclin et Jeanne d'Arc, comment on bat les Anglais en rase campagne. On se gardait toutefois d'oublier que nos défaites les plus sanglantes et les plus décisives avaient eu pour causes l'orgueil, la témérité, une ardeur irréfléchie. Dans le cas présent, on savait se trouver en face d'une infanterie solide, dressée à tirer parti du terrain contre les charges de la cavalerie en ligne.

Clermont tint un Conseil de guerre, probablement le 12 avril. Il fallait de toute nécessité prendre une décision : l'armée anglaise était déjà en marche. Le lendemain on pouvait, si on le voulait, la rencontrer. Car la route qu'elle était forcée de suivre pour passer du Cotentin dans le Bessin (cette partie du pays n'a plus aujourd'hui le même aspect [1]) traversait le défilé du Grand-Vey, à l'endroit où les embouchures confondues de la Vire, de la Douve et de la Taute étendaient sur une largeur de deux lieues une plaine de marécages et de sables mouvants. Au milieu, la chaussée, unique et

[1] Il a été effectué dans cette région d'importants travaux de dessèchement, au XVIIIe siècle, et surtout sous l'Empire. Grâce aux ponts éclusés de Saint-Hilaire sur la Taute, et de la Barquette sur la Douve, complétés par un système de digues insubmersibles, 700 hectares ont été rendus à la culture. Tout autre était ce terrain au XVe siècle. Décrivant le pays en 1761, l'abbé Belley disait : « Le Grand-Vé est un trajet de deux lieues, qui est dangereux à cause de deux ou trois courants très forts qu'il faut traverser et des bancs de sable qui changent souvent de place. Le Petit-Vé est plus haut, en remontant la rivière au-dessus du bourg d'Isigny ; son passage est d'environ un quart de lieue, mais il est plus dangereux que le Grand-Vé, les sables y sont mouvans, le fonds très mauvais, et le courant rapide. » Abbé Belley. *Mémoire sur une voie romaine...* (*Mém. de l'Acad. des Inscriptions*, XXVIII, 477).

étroit passage ; à droite et gauche, l'enlisement et la mort. Comment une troupe résolue ne chercherait-elle pas à tirer parti d'une circonstance aussi exceptionnelle ? Le lieutenant général trouverait-il une meilleure occasion de compenser l'infériorité numérique de son armée? Bien plus, de profiter de cette infériorité même, si tant est que dans les défilés le nombre cesse souvent d'être un avantage, et peut même devenir une cause de faiblesse ? Enfin hésiterait-il à attaquer ces troupes anglaises de nouvelle levée, peu aguerries, sans endurance, et de plus fatiguées par un siège long et pénible ?

Tels furent les arguments que firent valoir un certain nombre de capitaines. Cependant l'avis opposé dut être celui de la majorité, celui en tout cas des conseillers les plus expérimentés, les plus écoutés de Clermont. Kyriel, observa-t-on, n'avait pas avec lui plus de 600 cavaliers[1]; et pour des fantassins le danger était déjà moindre de tenter le passage du gué de Saint-Clément. Par contre l'armée de Clermont n'était guère que de cavalerie, là où justement des fantassins eussent fait l'affaire. L'amiral de Coëtivy déclara qu'il fallait éviter à tout prix une rencontre dans le Cotentin, terrain raviné et coupé de nombreux cours d'eaux, où nos gens d'armes ne sauraient s'aventurer sans péril.

On fit encore valoir que l'ennemi traînait à sa suite bon nombre de prisonniers faits à Valognes, et qu'à la première menace qui serait tentée de s'opposer au passage du Grand-Vey, Kyriel n'hésiterait sans doute pas à se débarrasser d'eux en les jetant à la mer.

[1] D'Escouchy, I, 276. Cette cavalerie provenait des contingents envoyés par Somerset. Kyriel n'en avait pas amené d'Angleterre.

Mais l'argument décisif qui dut faire opter Clermont pour la temporisation, fut qu'il était bien plus expédient de faire signe au connétable que de risquer inconsidérément une affaire, à un contre deux. Avant de livrer bataille, il fallait au moins mettre de notre côté le plus de chances possible : et les 1800 hommes de Richemont n'étaient point un renfort négligeable.

Les partisans de cette tactique observaient que l'occasion, momentanément différée, ne serait pas perdue, tandis qu'une défaite, dans la situation où l'on se trouvait, aurait des suites désastreuses. Carentan, Coutances, Saint-Lô, places sans défenses, tomberaient aussitôt aux mains de l'ennemi. Puis toutes les *reconquêtes* récemment faites dans le Cotentin auraient, l'une après l'autre, leur tour, et la Normandie entière serait une seconde fois perdue pour nous. Allait-on, devant un résultat gros de telles conséquences nationales, risquer la vie de tant de braves soldats [1] !

Clermont adopta cette manière de voir. Il laisserait passer les Anglais et préviendrait le connétable. Mais ceux de ses compagnons qui l'avaient poussé à attaquer, déçus dans leur espoir, manifestèrent leur mécontentement. Faut-il croire cependant qu'ils aient cherché à faire prévaloir quand même leurs idées, en appelant au peuple de Carentan de la décision de leur chef ? Je ne crois pas que cette hypothèse soit nécessaire pour expliquer la révolte dont j'ai maintenant à raconter les

[1] « Nolite, igitur, egregii milites, rem tam ambiguam et reipublicæ perniciosam, cum lethali capitum vestrorum discrimine tentare » Blondel, 164 — Mon récit n'est ici d'un bout à l'autre que le résumé de celui de Blondel, p. 163 et suivantes.

péripéties. L'effervescence générale des esprits se comprend facilement dans une population foulée, pressurée par les Anglais, remplie de haine contre ses anciens maîtres, et qui, les sentant revenir, ne devait avoir qu'une terreur: retomber sous leur pouvoir ; et qu'un désir : les voir exterminer sans délai ou les exterminer elle-même.

On juge donc du désappointement, de la stupeur de tous les gens de la ville et de ses environs, à la nouvelle que l'armée allait rester dans l'inaction, que les Anglais franchiraient, sans plus d'obstacle, le Grand-Vey. On commença de parler haut, de critiquer les ordres donnés. Dans la crainte de voir l'excitation populaire gagner ses soldats, Clermont consigna alors les portes de Carentan, et ordonna sur-le-champ aux capitaines de Pont-d'Ouve, Joachin Rouault et le sénéchal d'Aquitaine, d'interdire à toute troupe en armes l'accès du Cotentin.

Désolés par ces mesures sévères, tremblants de retrouver à bref délai leur pays une fois de plus ruiné, nobles et notables supplièrent Pierre de Louvain d'intervenir auprès du lieutenant général. Ils n'obtinrent que le conseil de patienter encore quelques jours. Là-dessus les rumeurs et les récriminations ne firent que croître[1].

Clermont cependant préparait sa manœuvre. Dès que les mouvements de l'ennemi lui furent connus, il dépêcha auprès du connétable, à Coutances, le curé de Carentan, porteur d'un message qui invitait l'armée bretonne à gagner d'abord Saint-Lô, et de là la région

[1] Blondel, 165.

du Bessin, où pourraient commencer les opérations combinées [1]. A ces renseignements l'amiral de Coëtivy, Brézé et de Castres joignirent les leurs [2].

Les dispositions adoptées semblent avoir peu satisfait le connétable, apparemment parce qu'il n'avait pas été consulté sur leur choix. « Bien malcontent », au dire de son biographe [3], mais animé d'un louable esprit de solidarité, qu'on aimerait à rencontrer à toutes les pages de notre histoire militaire, il se dirigea toutefois sur Saint-Lô, où il dut arriver dans la journée du 14 [4].

Pendant ce temps les Anglais sont parvenus au Grand-Vey. Du clocher de Carentan, la vigie les voit

[1] « Concepta enim dispositione, illustris comes de Claromonte per Carentonii curatum, virum in hoc negotio ardentissimum, ad Franciæ conestabularium Constantiarum literas credentiæ dat, etc... » Blondel, 166. — Mais faut-il suivre à la lettre le récit de cet auteur, d'après lequel le message aurait prescrit à Richemont de marcher, non seulement sur Saint-Lô, mais aussi *sur Trevières*, de façon à attaquer en tête l'armée ennemie, que prendrait en queue la cavalerie de Carentan? Il aurait même été ajouté que la rencontre ne saurait avoir lieu que sur l'étroite chaussée de Vieux-Pont (sur l'Aure), seul débouché possible après Saint-Clément, le chemin qui longe la côte étant par trop difficile (*Nec districtus angustiarum, nisi per arctam Veteris Pontis calciatam inter urbem Baiocas et rus Formigniacum, evadere possunt, si non iter dispendiosum versus marinum littus Baiocas tendens capiatur*).

Dans un récent *Essai historique et topographique sur la bataille de Formigny*, p. 12, M. Jules Lair, membre de l'Institut, interprète le passage ci-dessus en disant que « les avis envoyés au connétable de Richemont lui donnaient rendez-vous à Vieux-Pont ». C'est possible, bien que Blondel dise seulement *sur la chaussée de Vieux-Pont*. A mon avis, le chroniqueur, écrivant après l'événement, a dû céder au désir de montrer la *manœuvre* de Formigny conçue par Clermont trois jours avant son exécution. Mais ce qui prouve que les idées du lieutenant général n'étaient pas déjà si nettement arrêtées, ce sont les messages successifs qu'il adressera au connétable, et qui seront justement destinés à compléter le premier.

[2] Cosneau, 407.

[3] Gruel, 205.

[4] Gruel, *l. c.* — d'Escouchy, I, 279. — Blondel, 166.

au loin commencer le passage. La nouvelle, instantanément répandue, met le comble à la fermentation populaire. Des cris de « Aux armes ! » et des cris de colère retentissent : « On veut ouvertement nous livrer, nous, nos femmes, nos enfants et nos biens[1] ! » Un certain Malortie, de la Compagnie de Geoffroy de Couvran, se met à la tête des mécontents, entraîne pêle-mêle ses camarades, archers, hommes d'armes à pied et à cheval, et toutes les têtes chaudes de Carentan. Cette cohue force la consigne, sort de la ville et se rue vers les Veys. La garnison de Pont-d'Ouve, débordée, ne peut songer à arrêter le mouvement. Si bien que Joachin Rouault et Pierre de Brézé sont presque forcés de marcher avec la horde tumultueuse, mais, du moins, s'emploient à y mettre un peu d'ordre[2].

On arrive en courant au Grand-Vey. On voit l'arrière-garde anglaise qui déjà s'engage dans le passage. Furieusement on la charge, on la pousse l'épée dans les reins, on en culbute une partie. Pris de peur, et pour aller plus vite, les Anglais alors quittent la chaussée, se mettent à l'eau, cherchent à gagner la rive opposée à la course. Les Français les poursuivent une lieue durant, à travers le large estuaire. A ce moment, dit

[1] « Aperta et infida traditio nostrum, uxorum, liberorum personas et quœque nostra perdit ». Blondel, 167.

[2] Blondel, 167-168. — Pour d'autres, ce fut Geoffroy de Couvran et non Brézé qui accompagna Joachim Rouault :

> Couvreu, et Joachim Rouault,
> Desquels ne se donnoient pas garde,
> Frappèrent ung pou en sursault
> Sur leur queue et arrière garde.

Martial d'Auvergne, *Vigiles*, II, 85. — Dans le même sens Chartier, II, 193.

Blondel, il eût suffi de 200 hommes d'armes appuyant l'attaque pour anéantir l'armée de Kyriel[1].

C'est qu'en effet la marée montante joint sa menace à celle des Français[2], rend plus critique encore la situation. Et puis les Anglais dans leur fuite reçoivent des coup sans en donner. Obligés ou de subir des pertes graves, ou de renoncer à passer provisoirement, ils finissent par se résigner au moindre mal, font face à leurs adversaires, et réussissent sans grand'peine à les repousser à la rive d'où ils sont venus. Selon toute vraisemblance d'ailleurs, une bonne partie des compagnons de Malortie ne s'était pas mise de la poursuite, ou y avait pris part timidement. Le récit de Mathieu d'Escouchy, qui est le plus complet sur cet engagement, semble indiquer qu'il était resté des Français à l'entrée du défilé : « Quand lesdis Franchois se véoient trop char- « giez et pressez desdis Anglois, se retiroient pluseurs « fois à leurs gens qui estoient demourez sur le bort de « la rivière[3]. »

Ce manque de coordination dans l'attaque eut pour conséquence la retraite des Français : « car la vérité « fut telle que lesdis Anglois firent retraire lesdis Fran- « chois, c'est assavoir bataille et arrière garde tout ensamble[4]. »

Pendant ce temps la marée avait monté, et opposait

[1] « Non dico si duo millia armatorum, verum si ducenti hastis præ- « validi Gallis invasoribus præsidio adessent in vadis, ab hoste trium- « phato consummatam victoriam reportassent. » Blondel, 168.

[2] On était en temps de morte-eau et au 20e jour de la lune, Lair, p. 10.

[3] D'Escouchy, I, 280.

[4] D'Escouchy, I, 280.

maintenant aux Anglais victorieux une barrière infranchissable[1]. Force fut à Kyriel d'attendre le nouveau reflux de la mer. Quant aux Français, que firent-ils ? Cherchèrent-ils à inquiéter encore l'ennemi immobilisé ? Ou, ne se sentant pas en forces, gagnèrent-ils une position d'attente jusqu'à une meilleure occasion ? La seconde hypothèse est plus vraisemblable, mais les textes sont muets sur ce point.

Ce qui est moins douteux, c'est que, sous la pression des événements, Clermont se décida à agir. Il envoya à la rescousse une centaine de lances avec Pierre de Louvain[2] et lui-même s'avança jusqu'à Brévands, sur la Taute[3]. Ce fut sans doute l'arrivée de ces renforts qui décida Kyriel à partir sans attendre la fin du reflux, dès que les chevaux purent prendre pied dans la rivière : « Quand lesdis Anglois, rapporte d'Escouchy, virent « qu'ilz ne pooient, par ceste fachon [c'est-à-dire comme la première fois], passer ladicte rivière, ilz firent « monter partie de leurs archiers de pié derrière ceulx de « cheval, jusques à ce qu'ilz fussent passez le plus fort de « la rivière ; et quand il veirent qu'ilz pooient prendre « fond, les firent descendre à pié, et tirer très fort contre « lesdis Franchois, qui s'estoient approchiez d'icelle[4]. »

[1] « Et néantmains ne peurent ceste fois passer ladicte rivière », d'Escouchy, I, 280. — Cette phrase est la seule de tous nos récits qui indique deux tentatives de passage, dont la première infructueuse. Les autres chroniqueurs parlent unanimement de la traversée du Grand-Vey, comme si elle s'était effectuée en une fois. Mais M. Lair a fait remarquer que, les Anglais ayant quitté Valognes le 12, s'ils n'avaient pas été forcés d'attendre deux marées ils seraient arrivés à Formigny avant le 15. La version de d'Escouchy est donc préférable.

[2] D'Escouchy, I, 280.

[3] Blondel, 169.

[4] D'Escouchy, I, 280-281.

L'ennemi cette fois était hors d'atteinte. Il avait été quitte pour la peur. En abordant enfin la rive droite, Mathieu Gough, dit-on, baisa la terre du Bessin en s'écriant : « Enfin, nous y voilà, malgré ces chiens « enragés ! [1] »

Quand les chiens enragés rentrèrent à Carentan il faisait presque nuit[2]. Mais tant d'émotions ont accru les colères. Elles s'exhalent maintenant sans retenue. C'est par la faute des chefs que le coup a échoué. Par leur faute, ou par la trahison ? Malortie foule aux pieds ses armes, jurant de ne plus se battre en France. Un autre guerrier, de rage, envoie sa lance se briser contre un mur[3].

Des bruits circulent. La veille, on a vu l'ex-bailli anglais du Cotentin, Hugo Spencer, traverser Carentan. Les notables l'ont reçu en ami, lui ont offert leur meilleur vin. Nul doute que ce Hugo ne fût chargé d'acheter pour Kyriel, à prix d'or, la liberté du passage[4].

Une révolte est à craindre. Clermont prend une résolution définitive. Des lettres sont expédiées la nuit dans différentes directions. Déjà le connétable, à son arrivée à Saint-Lô, a été avisé que les Anglais « avoient con-

[1] « Mattœus Goth dixisse fertur : « Crudelissimis canibus invitis, transivimus », et pronus terram adeptam osculatur. » Blondel, 168.

[2] « y ot grant escarmuche, qui dura assez longue espace de temps. » d'Escouchy, I, 281. — Le combat fut livré « sur le soir du dit jour ». A. Bouchard. *Les chroniques annales*, f° CLXXXIII, verso

[3] « Mala-Urtica, doloris impatiens, arma exuit et exuta conculcans « humi projecit, attestans nunquam in Franciam se bella gesturum. « Alius velut furia exactus in parietem vibrans hastam rupit. » Blondel, 169.

[4] « Hugo Spencier... familiari curialitate a majoribus receptus, Baccho optimo perpotatur. » Blondel, *l. c.*

clud de brief passer les grandes grêves[1] ». Il est mis de nouveau, « hastivement », au courant de l'échauffourée du Grand-Vey, et des mouvements de l'ennemi[2], et invité à quitter Saint-Lô le plus tôt possible. Il trouvera Clermont sur la route de Bayeux. Le premier arrivé attendra l'autre[3].

Le 15, au lever du soleil, Clermont franchit le petit-Vey sur un pont de bateaux[4], et avec ses 3000 hommes pénètre dans le Bessin.

[1] D'Escouchy. I, 279.

[2] « comment lesdis Anglois avoient passez les ditz guez pour aller « vers Baieux et vers Ken, et que ja avaient frappe sur leur arrière « garde et en avoient tuez pluseurs. » Berry, 332.

[3] « et que le premier d'eulx deux ilec venu, attendist son compain- « gnon, à intencion de combattre les dis Anglois. » d'Escouchy, I. 280. D'après cet auteur, le message en question aurait été envoyé avant la seconde escarmouche. D'autres font dire à Clermont qu'il chargera lui-même en attendant le connétable. Gruel, 205. — Il est utile de remarquer que le dernier courrier de Carentan dut arriver à Saint-Lô dans la nuit, avant trois heures du matin. Sur ce dernier point, voir plus loin, p. 40, note 2.

[4] « Comes... parva Ysigniaci vada navigio transvehit. » Blondel, 170. Il est peu probable que Clermont ait fait passer 3000 hommes *en bateau*.

CHAPITRE II

LA JOURNÉE DU 15 AVRIL

I

Kyriel à Formigny. — Le terrain. — Dispositions de la défense.

Après le laborieux passage du Grand-Vey, Kyriel avait marché d'une traite sur Formigny, où il passa la nuit du 14 au 15[1]. Le 15 au matin, Mathieu Gough partit en avant avec sa compagnie, dans la direction de Bayeux, précédant la colonne[2]. Celle-ci n'était pas encore formée, et les soldats allaient de ferme en ferme[3], quand on aperçut, sur la crête d'où la route de Carentan descend au Val de Formigny, un groupe de cavaliers français. C'étaient les *coureurs* de Clermont (la pointe de son avant-garde), vingt lances commandées par Odet d'Aydie et Guillaume de Ricarville.

[1] La distance n'est que de 16 kilomètres de Saint-Clément à Formigny.

[2] Berry, 333. — « lequel s'estoit séparé d'avecques eulx cette mesme « journée seulement au matin, quinzième jour d'avril ». Chartier, II, 194. — D'Escouchy dit au contraire, I, 282 : « qui le jour précédent estoit allé à Bayeux. » Mais il est peu probable qu'en arrivant à Formigny dans la soirée, après le combat du Grand-Vey, Gough ait continué sur Bayeux, qui est encore à plus de 15 kilomètres au delà.

[3] « iceulx Anglois... qui traversoient de logis à autre. » d'Escouchy, I, 281.

Sans croire d'abord à une attaque, Kyriel n'en ordonna pas moins le rassemblement de ses forces[1]. Puis, voyant de loin l'amiral de Coëtivy apparaître à son tour avec le gros de l'avant-garde, il ne douta plus d'avoir affaire à toute l'armée française. En hâte Gough fut rappelé[2], et les Anglais prirent leurs dispositions de combat.

Le terrain sur lequel allait se dérouler la bataille diffère peu aujourd'hui de ce qu'il était alors. Sans doute le village devait présenter une moindre agglomération de maisons, bien qu'il nous soit impossible de le savoir, puisqu'aucune construction de l'époque n'a subsisté[3].

Le ruisseau qui prend sa source au nord du village n'a qu'une médiocre largeur dans la partie de son cours qui nous intéresse. Il creuse un ravin de séparation entre deux plateaux d'une quarantaine de mètres d'élévation. Mais la pente de la rive droite est plus raide

[1] « quant ilz percheurent lesdis coureurs, et qu'ilz congneurent que « c'estoit leurs adversaires, ilz se assemblerrent et mirrent en très « belle ordonnance audit Fourmigni, non sachant que lesdis Fran- « chois eussent voulenté et intencion de les combattre, et de ce ne se « doubtoient pas, jusques à ce qu'ilz appercheurent l'avant garde... » « d'Escouchy, I, 281-282

[2] Blondel, 171. — Berry, 333. — Chartier dit ironiquement, II, 194 : « mandèrent diligemment quérir un cappitaine de leur party nommé « Mathago, cuidans faire merveille. » Nous verrons en effet que Gough prit la fuite au moment de la défaite.

D'Escouchy veut qu'il ait amené avec lui « le plus grant nombre de « gens qu'il avait peu trouver ne enlever de la dicte place » de Bayeux (I, 282). Mais Gough n'a pas dû aller jusqu'à Bayeux. Blondel nous le montre haranguant les troupes avant le commencement de l'action ; il dit, il est vrai, qu'il était revenu *ventre à terre* (Goth festinanti quadrupede spuma reperso ad suos reversus). Mais sans doute les Français, le voyant arriver sur le champ de bataille, crurent qu'il avait été chercher des renforts.

[3] V. à ce sujet deux dissertations de MM. Lambert et Delauney, dans les *Mém. de la soc. des Antiq. de Normandie*, 1824-1825.

que celle de la rive gauche. En sorte que, pour un ob-

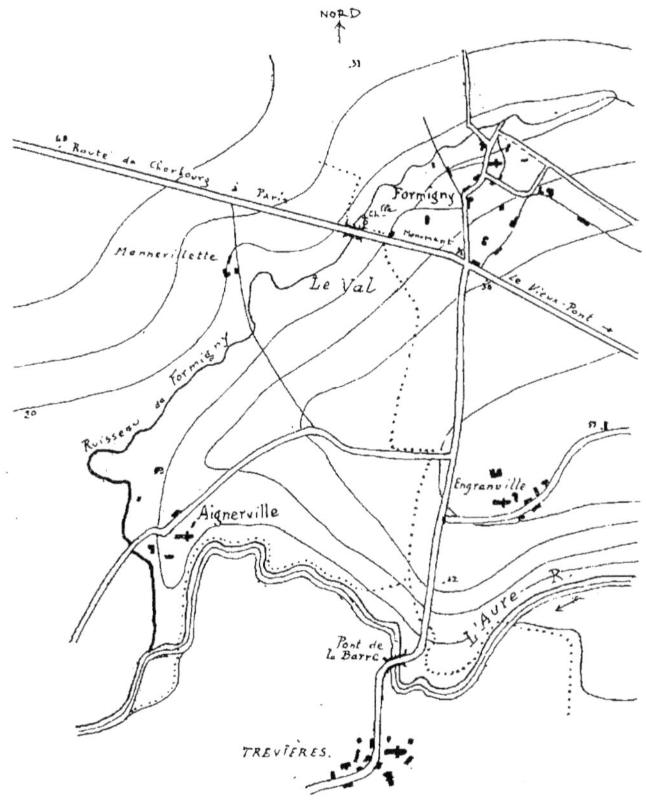

Echelle : 1/40.000 d'après la Carte d'Etat-major

Fig. 1.
Formigny et ses environs.

servateur placé près du pont, où passe la grande route de Paris à Cherbourg, la vue s'étend à quinze cents mètres dans la direction de Bayeux et dans celle de Trévières, et à un kilomètre à peine dans la direction de Longueville, par où arrivait Clermont[1].

Lorsque l'avant-garde française fut en vue, elle avait donc dépassé la cote 48, point le plus élevé de la route dans cette partie (fig. 1).

Les Anglais étaient en force : 6000 hommes[2] contre 3000 Français. Avec bien des chances de succès, Kyriel aurait pu engager immédiatement et vigoureusement l'attaque, bousculer l'ennemi sans lui laisser seulement le temps de prendre position. Mais il voulut se conformer à la tactique alors en honneur, qui consistait en principe à *occuper le terrain,* à s'y retrancher, et à attendre passivement l'assaut.

Contre la masse des hommes d'armes montés l'infanterie ne savait encore que faire masse à son tour. Et si elle avait souvent l'avantage dans les terrains un peu vallonnés, ce n'était point parce qu'elle les *utilisait* (au sens où l'entendent nos règlements actuels). C'était parce que là le bloc de la cavalerie se disloquait, tandis que celui des hommes de pied s'adaptait facilement à tous les accidents du sol.

Mais il était admis que le dernier mot devait rester

[1] M. Sarrazin a publié, dans *Jeanne d'Arc et la Normandie au* xve *siècle*, p. 497, la reproduction d'une miniature représentant la bataille. Les monticules qu'on y voit y ont des pentes singulièrement exagérées.

[2] V. p. 17, note 1. — Sur les chiffres donnés par les chroniqueurs, Cosneau, p. 407, note 2. Le meilleur témoignage à ce sujet est celui de l'amiral de Coëtivy : « et estaient les dits Anglais de 5 à 6000 com« battants... ils étaient de la moitié plus que nous n'estions », lit-on dans une lettre datée du 19 avril suivant, que j'aurai encore l'occasion de citer. D. Hyacinthe Morice. *Mémoires pour servir de preuves à l'Hist. ecclésiast. et civile de Bretagne*, II, 1521.

à la défensive. L'habileté d'un général consistait à forcer son adversaire à l'offensive, soit en feignant de l'attaquer lui-même, soit en cherchant à rendre sa position intenable par le feu de ses canons, quand il en avait[1].

Déjà cependant ces principes, que nous réprouvons aujourd'hui, commençaient à ne plus être très en honneur en France. A Formigny notamment nos généraux allaient les violer ouvertement, et enseigner aux Anglais ce que peut, contre les meilleures positions, une offensive résolue.

Ainsi Kyriel ne songea pas à attaquer l'armée de Clermont, qui se présentait à lui dans un état d'infériorité manifeste, tant par la faiblesse de son effectif que par sa formation en colonne de route. Il ne chercha qu'à occuper au plus vite un emplacement favorable. Quel fut au juste cet emplacement ? Sur cette question les érudits sont partagés.

Pour M. le général Hardy, l'armée anglaise se plaça sur la rive gauche du ruisseau et en avant du village, *face au sud*, sauf un corps de cavalerie qui dut défendre le pont contre les attaques de Clermont. Cette façon d'interpréter les textes est certainement erronée, et provient sans doute de ce que l'auteur des *Origines de la tactique française* a tracé son plan d'après les seules données de la chronique de Jean Chartier, chronique à coup sûr digne de foi, et détaillée, mais dont la clarté est loin d'être suffisante pour dispenser d'avoir recours aux autres sources[2].

[1] V. à ce sujet Alfred Spont. *La milice des francs-archers* dans la *Revue des Questions historiques*, LXI, 441-443.

[2] Hardy. *Orig. de la tactique française*, p. 535.

Chartier mentionne l'engagement de Clermont, mais, à le suivre, la bataille n'a vraiment commencé qu'à partir de l'arrivée du connétable. Peut-être est-ce cette perspective particulière du narrateur qui a trompé M. le général Hardy, et l'a porté à croire que les Anglais avaient dû se former face à Richemont, c'est-à-dire face au sud. D'où il résulte naturellement que l'armée de Saint-Lô *a dû* se déployer face au nord, sur le plateau d'Engranville, afin d'attaquer de front Kyriel que Clermont prenait en flanc [1]. La victoire aurait en un mot résulté d'une véritable *poussée en équerre*.

Très acceptable au point de vue tactique, cette explication n'est malheureusement pas admissible historiquement. Elle obscurcit, plutôt qu'elle n'éclaire la relation elle-même de Chartier, et rend les autres relations à peu près inintelligibles.

Par contre, on peut dire du plan de M. Cosneau [2] que, s'il n'est en contradiction formelle avec aucun texte [3], il aboutit à une représentation de la bataille tactiquement inconcevable. Nous y voyons en effet le cheminement de Richemont tracé jusqu'au ruisseau, puisqu'on nous dit que le connétable a été rejoindre Clermont sur la rive droite. La raison de ce mouvement nous échappe. Pourquoi mettre un obstacle, à dessein, entre soi et l'ennemi qu'on veut attaquer ? Pour le prendre en flanc, dira-t-on. Mais ni les chroniques, ni M. Cosneau ne rap-

[1] Voilà probablement pourquoi le général Hardy marque près de la côte 57 l'emplacement du moulin à vent dont parle Chartier.

[2] Cosneau, p. 406.

[3] Observons toutefois que M. Cosneau place au pont de Surrain un poste anglais dont les textes ne font pas mention.

portent une attaque de flanc. Richemont après avoir passé sur la rive droite, aurait simplement repassé sur la rive gauche, et aurait ensuite marché contre les retranchements, de front. Faut-il croire aussi que ces retranchements aient pu s'étendre jusqu'au pont de Surrain, comme l'indique l'auteur? Ils auraient eu un développement bien considérable[1].

Enfin et surtout pourquoi Kyriel, menacé d'abord par Clermont (Richemont n'arriva que plus tard), ne lui fit-il pas face, pourquoi lui présenta-t-il son flanc droit? C'est ce qui ne soutient pas l'examen.

Nous n'en sommes pas réduits, fort heureusement, à sacrifier ou l'exactitude historique ou la vraisemblance tactique, comme les critiques précédentes pourraient le faire croire. D'après deux éminents érudits, membres de l'Institut et normands l'un et l'autre, M. Joret et M. Lair, qui ont récemment traité la question, c'est sur la rive droite du ruisseau — et non sur la rive gauche — qu'il faut marquer la position anglaise. C'est là que le combat a commencé[2].

La seule logique indiquerait cette solution. Toutes les relations rapportent en effet que les Anglais tournaient le dos à la rivière. Donc (à moins de tourner aussi le dos à l'ennemi!) ils étaient sur la rive droite. Mais nous savons de plus que, lorsque Richemont arriva (et il arriva, lui, par la rive gauche), la rivière « estoit au bas du moulin à vent entre luy et les Anglais[3] », ce qui est péremptoire.

[1] La remarque est de M. Lair, *Essai*, p. 39.

[2] Lair, *Essai*, p. 16. — Joret. *La bataille de Formigny d'après les documents contemporains*, Paris, 1903, p. 80 et suiv.

[3] A. Bouchard, *Chron. annales* f° CLXXXV, recto.

Positions des armées
vers
8 h. du matin
Légende
Français
Anglais
NORD
Eglise de
Formigny
Bayeux
Trévières
Kyriel
Archers
Le Val
cavalerie
Ruisseau de
Clermont
Echelle: 1/20000

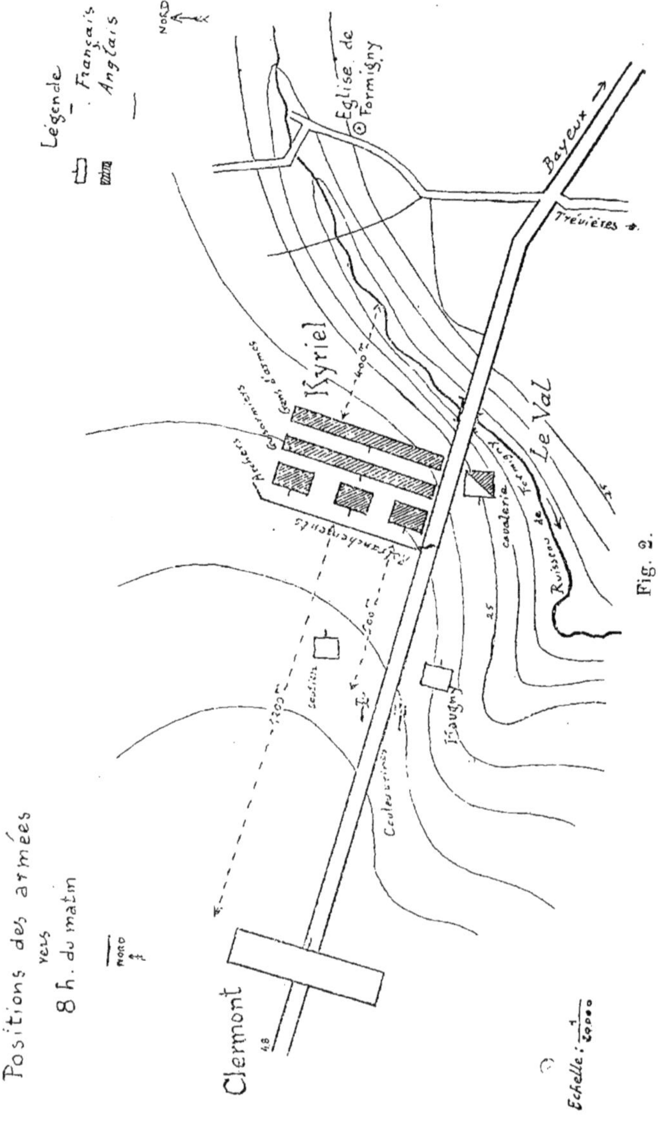

Fig. 2.

Kyriel, ai-je dit, à la vue de l'armée de Clermont, renonça à gagner Bayeux ce jour-là, et se disposa au combat. Quittant le village de Formigny [1], il alla donc prendre position sur la rive droite du ruisseau et y plaça ses troupes « en très belle ordonnance » : la cavalerie, avec Mathieu Gough et Robert Ver, couvrit l'aile gauche, près du pont [2]. Là était le point dangereux de la ligne, car si l'ennemi forçait le passage, la route de Bayeux était coupée. Bayeux, on ne l'a pas oublié, était l'objectif des Anglais.

L'infanterie s'établit sur trois lignes, en profondeur. Devant, les archers, chargés d'engager le combat. Derrière eux les guisarniers, tenant le terrain. Enfin les hommes d'armes, réserve solide [3].

Ce dispositif avait à dos « grant foison de gardinages plains de divers arbres, comme pommiers, poiriers, ourmes et aultres », puis « à un grand trait darc » le ruisseau, et, derrière encore, le village. Autant d'obstacles contre les surprises [4]. On peut ajouter, il est vrai : autant d'obstacles à une retraite (fig. 2).

[1] Pour M. Joret (p. 80, note 3), les Anglais n'occupaient pas le village, mais campaient « auprès du village », suivant l'expression même de presque tous les chroniqueurs. Cependant d'Escouchy dit bien « ilz se assemblèrent et mirrent en très bel ordre en ce lieu de Fourmigny », *texte publié par M. Joret*, p. 21-22. La question a du reste peu d'importance.

[2] « Sy furent ordonnez messire Robert Ver et Mathieu God pour « gouverner ceulx de cheval, qui estoient en nombre de VIII cens à « mille combattans, et avoient l'esle de la bataille du costé du ruis- « seau devers le pont. » d'Escouchy, I, 282.

[3] « [Hostes] in tripartitum gradus ordinem apposite pugnatores col- « locant ; anteriorem docto sagittarii jactu telorum mortiferi, mediam « robusti gladiatores gesorum ictu sanguinolenti ; armati nobiles lan- « cearum vibramine prævalidi aciem tenent extremam : » Blondel, 170.

[4] « Et a un grand trait darc derriere leur dos avoient une petite « rivière et grant foison de gardinages plains de divers arbres, comme

Les Anglais avaient l'habitude de creuser en avant de leur front un fossé où ils plantaient obliquement des pieux, dans le but d'arrêter l'élan de la cavalerie[1]. Ce jour-là, manquant d'outils, ils se servirent de leurs épées et de leurs dagues pour remuer le sol[2].

Cet ouvrage terminé, Mathieu Gough, s'il faut en croire Blondel (qui ici a peut-être fait preuve de plus d'imagination que d'exactitude historique), fit aux troupes un petit discours d'exhortation conçu à peu près en ces termes :

« Hier votre courage a surmonté tous les obstacles. « Aujourd'hui, en face d'adversaires moins braves « qu'animés du désir de la vengeance, soyez tenaces « et résolus, et la victoire est à vous. Mais si vous êtes

« pommiers, poiriers, ourmes et aultres (et sestoient mis en ce lieu) « adfin que on ne leur peust coure sus par derriere. » Berry, *texte publié par Joret, loc. cit.*, p. 57. — « A tergo quemdam torrentem, hortis « diverso arborum genere consitis intermediis, pro aggere constituunt. » « Blondel, 170. — « car ils avaient laissé derrière leur dos grant « quantité de jardinages plains de pommiers, périers, et autres arbres, « afin qu'on ne les pust surprandre par derrière, et avoient aussi envi- « ron un traict d'arc derrière eulx une petite rivière, et entre deux encore « d'autres jardinages plains d'arbres ; le tout afin qu'on ne les put « attaquer à dos. » Chartier, II, 194.—« Et ledit messire Thomas Kiriel, « et le seurplus de son armée, se mirrent à pié..., en prenant à dos le « villaige de Fourmigni, environ d'ung trait d'arc arrière d'icellui « villaige. » d'Escouchy, I, 282. Pour d'Escouchy Kyriel est *à un trait d'arc*, pour Berry *à un grand trait d'arc*. J'ai placé sur mon croquis la dernière ligne à 400 mètres du ruisseau.

[1] Vallet de Viriville, *Histoire de Charles VII*, III, 197.

[2] « en eulx fortiffiant très fort d'ung costé, de petites fosses et pieux « fichiez en terre. » d'Escouchy, I, 282 — « Et ce pendant feirent iceulx « Anglois grans trous et fossez de leurs dagues et espees devant iceulx « affin que les dits Franchois et leur chevaulx trebuchassent se ilz venoient « contre eulx. » Berry, 333-334. — « Quilibet sagittarius in frontem « inimicam acutum pallum humi fixum erigit; et gladio repente ad fos- « sarum usum verso, et ungue verrente tellurem concavant, et ante « se longe lateque præcipitibus foveis et profundis foraminibus solo « altius sauciato, campum equis inabilem mira hostium astutia efficit, » Blondel, 170-141.

« lâches, ces ennemis sans humanité vous égorgeront « comme des moutons. Rappelez-vous que vos pères « ont vaincu des armées françaises beaucoup plus nom- « breuses que les leurs ; cette fois, le nombre est de « votre côté, et il ne tient qu'à vous d'infliger une dé- « route complète à la horde désordonnée qui nous « menace : que pas un n'échappe à la captivité ou à une « mort immédiate. La retraite sera fermée aux fuyards « par la marée qui a grossi les Veys. Quant à vous, « un honneur insigne en rejaillira sur vos personnes « et sur votre postérité[1].. »

Il termina par un argument décisif, montrant du geste les armures des chevaliers français, incrustées d'or et d'argent, qui brillaient au soleil. Riche butin à conquérir, digne récompense des braves ! [2]

[1] Blondel, 171-172.

[2] *Ibid.* — On sait que le goût de l'époque se plaisait à enrichir les armures d'émaux et de pierres précieuses. Cf. Quicherat. *Histoire du costume en France*, 269-270, et Chartier, II, 235 et suiv. (Comment les François estoient habillés à la conqueste de la Normandie).

II

Dispositions de l'attaque. — Engagement de l'artillerie. — Prise et reprise des couleuvrines de Clermont. — Première mêlée. — Apparition de Richemont.

Clermont, qui avait quitté Carentan au petit jour[1], avait pu arriver en vue de l'ennemi vers sept heures du matin[2]. Il s'avança, suivant d'Escouchy, « jusques à

[1] « summo mane ». Blondel, 170

[2] Les heures des différentes phases de la journée ne peuvent être fixées que de la manière la plus hypothétique. Les documents ne nous donnent en effet à ce sujet que les renseignements suivants :

Les travaux anglais ont été finis *trois heures avant l'arrivée du connétable* (d'Escouchy, I, 282).

« Et la furent Franchois et Anglois lung devant laultre par lespasse de trois heures en escarmuchant. » Berry, 333.

Pour Blondel, p. 173, un combat de trois heures a suivi l'engagement de l'artillerie.

Quelque chose a donc duré trois heures, et il est vraisemblable d'admettre que ce fut le combat de Clermont. Mais ces mots de trois heures semblent avoir hanté l'esprit des chroniqueurs, car Chartier nous dit (II, 195) que Richemont partit de Saint-Lô *à trois heures*. et d'Escouchy (I, 285) que le combat final, toutes forces réunies, a encore *duré trois heures*.

Ces renseignements étant donnés, admettons que Clermont ait quitté Carentan vers 3 heures du matin. Il y a 25 kilom. 500 de Carentan à Formigny, par Isigny. La cavalerie pouvait marcher à une vitesse moyenne de 6 kilom. à l'heure. C'est donc au plus tôt à 7 heures que l'armée serait parvenue en vue de l'ennemi. Comptons une heure (au minimum) d'attente et de préparatifs (construction des retranchements anglais, etc.) ; le combat aurait commencé à 8 heures. On peut même admettre que les premiers coups de canon aient été tirés pour empêcher l'achèvement des travaux anglais.

Si l'engagement a duré trois heures à partir de ce moment, c'est vers 11 heures qu'il faut placer l'apparition du connétable au plus tôt. Nous

trois traits d'arbalestre, ou environ »[1] et s'arrêta dans une position d'attente, son intention n'étant pas tout d'abord de s'engager avant l'arrivée du connétable.

Il ne voulut pas toutefois se laisser deviner, ni non plus permettre aux Anglais de se fortifier indéfiniment. Il fit mettre en batterie deux couleuvrines dont il disposait, et que le Génois Louis Giribault dirigeait en qualité de maître canonnier[2]. Le sire de Maugny, avec un millier d'archers, qui mirent pied à terre, se porta en avant et s'arrêta vis-à-vis la gauche anglaise[3]. Le pont, ai-je dit, était la clef de la position. Mais les Français avaient aussi intérêt à s'étendre sur leur droite, côté probable de l'arrivée du connétable.

Celui-ci tarderait-il longtemps ? Le dernier message expédié de Carentan était certainement parvenu à Saint-

verrons plus loin, en étudiant la marche de ce dernier, qu'une telle hypothèse n'a rien d'invraisemblable.

[1] « Et lors approcha ledit comte de Clermont, atoutte sa bataille, jusques à trois traits d'arbalestre, ou environ. » d'Escouchy, I, 282.

[2] « Giraudus, arte sua doctus... regiarum machinarum unus magis- « trorum binas colubrinas in adversa inimicorum bella apte locat. » Blondel, 172.

[3] « et illec fit descendre partie de ses archiers à pié ; et les hommes « d'armes demeurèrent à cheval, à costé d'eulx, sauf le seigneur de « Maugny qui avoit la charge de les conduire, lequel tenoit iceulx « archiers sur le costé dudit ruisseau » d'Escouchy (dans Joret, 22-23). — Ce texte ne dit, ni combien il y avait d'archers sous les ordres de Maugny, ni à quel endroit ils prirent position. Mais, 1° on verra plus loin que 50 *à* 60 *lances et* 200 *archers* attaquèrent les retranchements, furent repoussés, et entraînèrent dans leur débandade le corps de Maugny. Relatant cet épisode, Chartier, dit que 1500 archers avaient mis pied à terre (II, 195), Gruel parle de 1300 (p. 206). Déduction faite des archers dont l'attaque échoua, je crois pouvoir évaluer à 1000 environ ceux de Maugny.

2° Ils se placèrent « sur le costé dudit ruisseau », ce ne pouvait être que vers la droite française Voy. la fig. 2 et les raisons tactiques données aux texte.

Ajoutons que Maugny commandait la compagnie de Robert de Flocques, dit Floquet, bailli d'Evreux (Chartier, II, 198).

Lô au moins au lever du soleil[1]. Cependant il fallait tenir compte de la distance[2], de l'état des chemins, et aussi des retards inévitables causés par un ordre de départ inopiné au milieu de la nuit. Clermont supputa-t-il l'avance que, pour ces raisons, il devait avoir sur Richemont? Chartier dit qu'il « envoya hastivement » prévenir, sans que nous sachions clairement si ce fut au commencement du combat, ou plus tard, lorsque le sort de la mêlée faillit lui être fatal[3]. Peut-être regretta-t-il d'avoir cédé l'avant-veille aux conseils de la prudence et se laissa-t-il cette fois entraîner par son ardeur.

Attaquer est souvent la meilleure façon de se défendre. Le soutien de l'artillerie, 50 à 60 lances et 200 archers, marcha donc contre les Anglais « afin de les entretenir jusques à la venue du connétable[4] ». Mais les fossés et le rempart de pieux arrêtèrent l'élan de nos gens[5]. Il fal-

[1] Ci-dessus, p. 27, note 3.

[2] M. Joret s'étonne (p. 82, note 3) que Richemont soit arrivé si tard, bien qu'il n'ait eu que deux kilomètres de plus que Clermont à parcourir. Il oublie que, même aujourd'hui, il n'y'a pas de route directe entre Saint-Lô et Formigny. De plus nous ne connaissons pas l'itinéraire de Richemont. Voir ci-dessous p. 54, note 1.

[3] « envoya hastivement à Saint-Lô devers le comte de Richemont afin « qu'il vînt à son secours, luy mandant qu'autrement luy et ses gens « estoient bien taillez et en péril d'avoir fort à faire. » Chartier, II, 194. — La tradition locale veut aussi que des paysans aient été envoyés à la recherche du connétable.

[4] « Cela estant fait, le conte de Clermont envoya entre les deux « batailles pour escarmoucher ausdis Anglois, environ cinquante à « soixante lanches et deux cents archiers, afin de les entretenir et amu- « ser jusques à la venue du connestable qui debvoit arriver ilec, et aussi « pour mieux garder et conserver leurs coullevrines. » D'Escouchy (dans Joret, p. 23). — Pour M. Lair (*Essai*, p. 19) le soutien de l'artillerie n'était autre que le corps de Maugny. Cependant le récit D'Escouchy semble bien distinguer deux groupes différents.

[5] « Cum in exordio belli Anglici in ordine compacti magna vi sevien-

lut avoir recours au canon. Giribault ouvrit le feu. Comme les bataillons de Kyriel étaient massés en profondeur, les premiers projectiles durent causer dans leurs rangs quelques ravages et beaucoup de désordre[1].

Pour réduire cette artillerie gênante au silence, Gough envoie alors contre elle 600 archers, qui résolûment courent à ceux de Brézé[2] et de Maugny[3], les bousculent[4], et les forcent à reculer sur le corps de bataille, de la longueur d'un trait d'arc, dans un désordre complet[5]. Les hommes d'armes heureusement tiennent bon, arrêtent l'élan des assaillants, qui se bornent

« tem Gallorum impetum repellunt; nec propter fovearum impedimentum, haud pallorum vallum acies consertas disjungere, nec Galli infesti, acri manu in hostes dimicare possunt. » Blondel, 172.

[1] « Girandus... inopino tractu tormentorum misso, segregans acierum « ordines compositos fulminat. Tametsi bellorum ordines, non tamen «bellantium animi insimul uniti franguntur. » Blondel, *ibid.*

[2] « Comme aussi fit messire Pierre de Bresay, Senechal de Poictou « lequel entre tous les autres y fit moult vaillemment. Car lesdits An- « glois si chargèrent très fort et si asprement sur ces gens et sur ceux « du bailly d'Evreux, que gouvernoit et conduisoit monseigneur de « Maulny et tellement qu'ils gaignèrent du cousté où ils estoient deux « coulevrines sur eux. » Chartier, II, 198. — Ce texte paraît indiquer que Brézé commandait le soutien.

[3] « Anglici... maxima vi et impetu furioso Gallorum aciem invadunt. » Blondel, 172. — Basin parle de 200 archers, I, 236. — D'Escouchy de 600, I, 283. — Probablement leur nombre augmenta à mesure que le combat prit plus d'importance. Gruel place cet épisode au moment de l'arrivée de Richemont : « A l'eure qu'il arriva, les Angloys saillirent de leur bataille environ cccc, qui misdrent en fuyte bien xiiic ar- « chiers de ceulx qui estoient du cousté de monseigneur de Clermont, « et gainguèrent des coleuvrines, dont on leur faisoit guerre. » Gruel, 206. Peut-être, au milieu de la mêlée qui succéda à cet engagement, les Anglais cherchèrent-ils plusieurs fois à s'emparer des couleùvrines.

[4] « cœsis fugatisque qui prope adstabant. » Basin, I, 237.

[5] « Acrius irrumpentes ferme unius tractus sagittæ architenentium « bellum retrogradi cogunt adversum, et colubrinas, repentæ necis ins- « trumenta, non mediocri probitate raptas ad campi clausuram ferunt» « Blondel, 172. — « force fut aux Franchois de icelles habandonner, « et eulx tirer en desroy jusques à la bataille dudit comte de Clermont. » D'Escouchy, I, 283. — Berry, 337.

à se saisir des couleuvrines et à les transporter dans leur camp[1].

Ce retour en arrière des Anglais vainqueurs prouve bien qu'ils n'avaient pas l'intention de prendre l'offensive. Trop confiants dans la force de leurs retranchements, ils voulaient attendre que l'ennemi vînt s'y briser. Mais, s'ils avaient su profiter de ce moment de panique des Français, si Kyriel avait fait marcher ses bataillons à l'appui des archers, nul doute qu'il eût obtenu un résultat bien plus important que la capture de deux canons[2]. L'armée de Clermont écrasée, il se serait alors tourné contre celle du connétable.

Il obéit à l'idée préconçue qu'il ne devait se battre que sur sa position, parce que sa position était bonne. Cette erreur causa sa défaite.

Les règles de la tactique sont de tous les temps. « Il « semble, en lisant l'histoire des hommes de guerre, « que le temps n'est qu'un mot, le progrès militaire « qu'une illusion, et qu'à part quelques différences dans « le costume et l'armement, victoires et défaites ont « toujours les mêmes causes[3] ».

Toutefois les Anglais ont obtenu un premier avantage ; ils ont mis le désarroi dans le camp français. C'est alors que Pierre de Brézé réussit à rallier quelques fuyards, et, menaçant les autres d'une voix ton-

[1] « et si n'eussent été les gens d'armes qui tindrent bon, je croy qu'ilz « eussent fait grant oultrage à noz gens. » Gruel, 206.

[2] « Et si Anglici incepto conflictu præstantes Gallos retrogressos « insequi ausi fuissent, sors eorum prœlii casu pernicioso adversaba- « tur. » Blondel, 173.

[3] Hardy, *Orig. de la tact. franç.*, 324-325 (à propos d'une autre bataille de la guerre de Cent ans).

Prise & reprise des couleuvrines
NORD
Légende
① Prise des couleuvrines par les Anglais
② Retraite des archers de Maugny et de Brézé
③ Reprise des couleuvrines et attaque du bataillon central
Le Val
25
Echelle : 1/20000

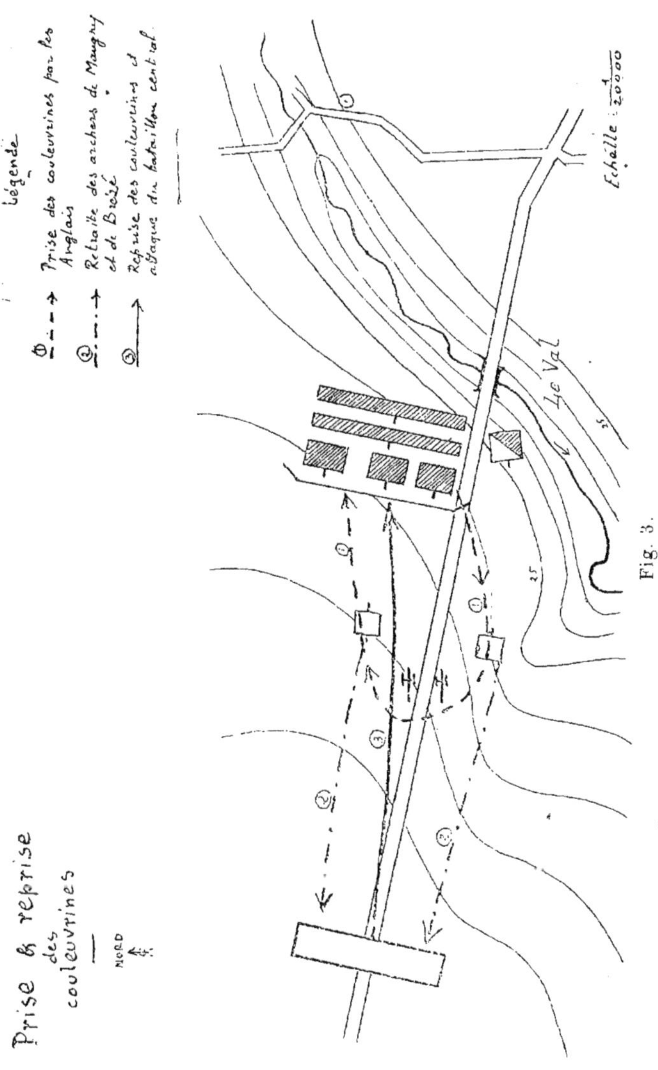

Fig. 3.

nante, parvient à rétablir l'ordre dans la ligne de nos fantassins. Cela fait, il met pied à terre, et crie qu'il faut reprendre les canons. Plus de crainte irréfléchie ! On attaque le bataillon central des Anglais, où 700 archers sont massés, on l'enfonce d'enthousiasme, on reprend les couleuvrines et on les traîne de nouveau vers la « bataille » de Clermont[1] (fig. 3).

Cet engagement a coûté 200 hommes à l'ennemi[2], et a fait renaître la confiance des nôtres. Peut-être les gens d'armes, après les fantassins, chargent-ils à leur tour[3]. En tout cas la position ennemie, toujours solide, arrête leur élan et défie leurs assauts.

On dirait que les trois lignes de l'armée anglaise sont trois murs solides, renforcés aux extrémités et au centre par trois tours vivantes et résistantes, des bataillons

[1] « Petrus vero de Bresiaco, armis strenuus miles, consilio providus et firmus, adversus inconsulta pericula, rure, quod Vallonicæ nuncupatur, unam bellorum alam dirigens, labentibus opitulaturus, equestres armatos impigre detorquet, qua sagittariorum fugam conspicit. Voce tonanti et aspero verbere in ordine militari disgregatos congregat crucis minis, fœdæ fugæ opprobriis et prospere belli sorte si valeant ut fortes viri, lapsos fugentium animos reparat. Ab equo celerrimus pedes humi prosiliit, multo jaculorum volatu mortifero, bipenni et crebro lancearum acumine mediam sagittariorum turmam numero septingentorum constructam acerrime impetit. Hanc confertissimam maxima vi et accelerata disjungit, et disjunctos sauciat, cædit et interficit, ac substractas colubrinas ad Gallorum campum reportat. » Blondel 173.

[2] « chargèrent sur eulx si rudement qu'ils les recongnèrent par l'ung des bouts de leur bataille de la longueur de quatre lances de distance ou environ. Et à cette attaque seule il y eut deux cent anglois morts ou environ. En quoy faisant il recouvra les dites coulevrines. » Chartier, II, 198.

[3] « Quod cum alæ Francorum equitum prospexissent, velocissimo cursu advolantes, omnes ipsos Anglicos prostraverunt et jugulaverunt. » Basin, I, 237. Pour ce dernier historien c'est cette attaque de la cavalerie qui détermina la retraite de Kyriel, et non pas l'apparition de Richemont. Les autres chroniqueurs sont d'avis contraire.

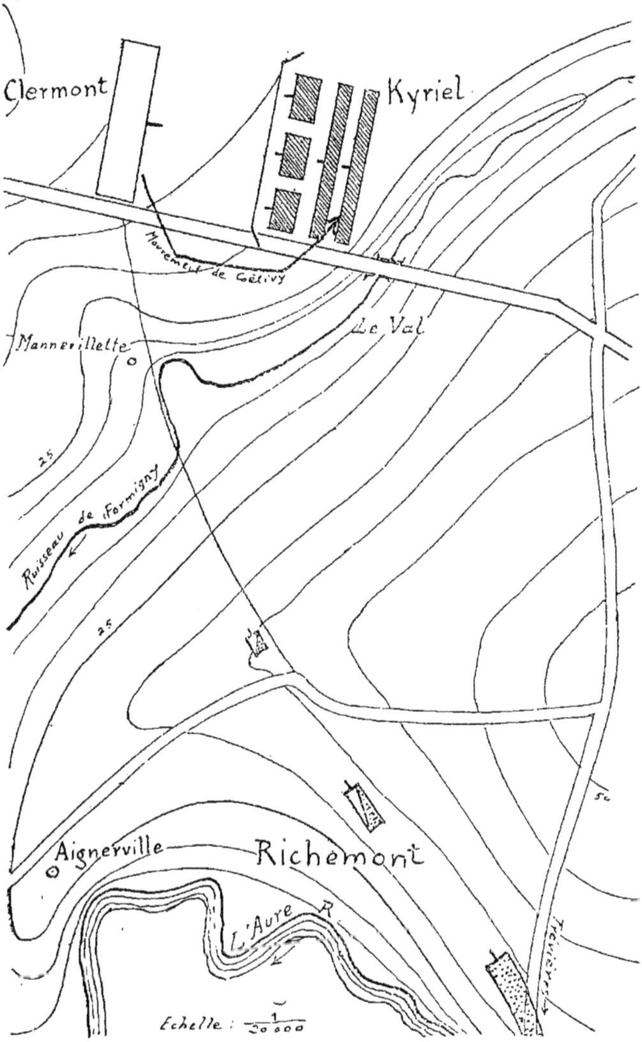

Fig. 4.
Mouvement de Coëtivy, engagement général, et apparition de Richemont, vers 11 h. 1/2.

de 700 archers chacun. On a bien réussi à enfoncer l'un d'eux. On ne peut songer à renverser de front tout l'obstacle[1].

On se décide alors à combattre à pied. Profitant du désordre qui règne dans le camp adverse, l'amiral de Coëtivy prononce soudain un mouvement de flanc, et risque une audacieuse incursion entre la deuxième et la troisième ligne anglaise, afin d'acculer les gens d'armes à la rivière (fig. 4)[2].

Je suppose que ce hardi mouvement s'opéra par la droite française. On venait de se battre de ce côté. Des brèches devaient permettre de s'insinuer dans les retranchements.

Blondel, seul à relater l'attaque de l'amiral, nous laisse dans le doute quant au résultat auquel elle aboutit. C'est pourquoi il a pu être avancé que l'épisode ne saurait trouver sa place à ce moment de la bataille, car, dit-on, il aurait constitué un triomphe, tandis qu'à l'inverse la situation de Clermont devint alors particulièrement critique[3].

[1] « Triplices enim ordines, ut solidi civitatis muri, hostium invasionem « detrudunt. Tres vero turmæ sagittariorum qualibet ex septingentis « compositæ, duæ bellorum extrema et altera medium tenentes, veluti « tres turres firmæ, hostium aggressionem ne frangat præliorum ordi- « nes in præsidio constructæ arcent » Blondel, 173.

[2] « Anglici in sua munitione recollecti diversos bellorum ordines ex- « templo reparant. Ac Galli, repulsa acriores effecti, dimissis equis, « pedestres idem agunt; non omnem aciem recto, sed transverso prœlio « divisim turmas hostium impugnant. Hæc etquidem Gallorum bello « acerrimus de Coitivi, Aquitaniæ senescalus, inter extremam et me- « diam bellorum aciem suam cohortem conscrit. Hœc audacissima intru- « sio acri manu et hasta acuta admodum conturbans provide ordinata « Anglorum bella, postremum ab aliis disjungit. » Blondel, 173.

[3] Lair, *Essai*, p. 30. Comme Blondel rapporte seul cet épisode, M. Lair a supposé que le passage de son récit où il en est question a été interpolé. Mais n'est-il pas permis de supposer que Coëtivy fut repoussé

Mais il ne me paraît pas évident que le mouvement en question dût aboutir à un triomphe. Il est vraisemblable au contraire qu'après avoir pénétré, par un coup de surprise, dans le dispositif anglais, Coëtivy courut les plus grands dangers. Pense-t-on que la seconde ligne de Kyriel n'ait pas cherché à secourir sa réserve menacée ? En somme le plus probable est qu'à partir de ce moment la mêlée devint générale. Les Anglais avaient pour eux le nombre. Mais les Français avaient l'avantage du vent, qui soufflait dans la figure de l'ennemi, empêchait ses archers, aveuglés par la poussière, de viser avec précision, et diminuait la portée de leurs flèches, tout en augmentant de beaucoup celle des nôtres [1].

C'est sur ses entrefaites qu'apparut enfin l'armée de Richemont, venant de Trévières.

Pour tous les historiens modernes qui ont parlé de Formigny, cette intervention fut véritablement le salut de Clermont, et changea du tout au tout le sort de la journée. En sorte qu'il faudrait attribuer tout l'honneur de la victoire au diligent et habile connétable, qui sut arriver assez à temps pour réparer la maladresse du jeune lieutenant général.

On invoque dans cette thèse le témoignage de Coëtivy lui-même : « A vous dire la vérité, écrivait-il quatre jours « plus tard à Pierre de Carné, je crois que Dieu nous y

après un premier corps à corps ? Blondel ne dit pas combien de cavaliers avaient suivi l'amiral, rien n'oblige à croire qu'ils étaient en force.

[1] « Utraque pars fere trium spatio horarum, una petens aliam et altera refellens invadentem, sub ambigo palmæ exitu varium et atrox « certamen agunt. Ventus enim Anglorum fronti adversus sagittarum « rigori multum detraxit, et Gallorum jacula agitat penetrabiliora, et « pulvere refertus oculorum aciei non leve nocumentum injecit. » Blondel, 173.

4

« amena monsieur le connétable ; car s'il ne fust venu à « l'heure et par la manière qu'il y vint, je doubte (je « crains) que entre nous qui les avions atteints les pre- « miers et faicts mettre en bataille d'une part, et nous « estions mins en bataille d'autre part devant eux, n'en « fussions jamais sortis sans dommage irréparable[1]. »

Ce texte suffit-il à prouver que Clermont se croyait perdu ? Il signifie, à mon sens, que vu la supériorité numérique de l'ennemi (*car ils étaient de la moitié plus que nous n'estions,* ajoute en effet l'amiral aussitôt après) nous devions finir par être battus, « nous n'en fussions jamais sortis, » si le connétable n'était arrivé. Mais précisément nous attendions le connétable. Clermont (les nombreux messages relatés plus haut en font foi) comptait formellement sur lui, et ne s'était engagé qu'avec la conviction qu'il serait par lui soutenu tôt ou tard. On peut sans doute lui reprocher de s'être lancé dans le combat un peu en aveugle, mais rien n'autorise à penser qu'il ait cherché à venir à bout de Kyriel, avec ses seules forces.

La lutte avait été chaude, fatigante. Nos hommes d'armes devaient trouver que c'était beaucoup déjà d'avoir tenu trois heures, et que le renfort était bien long à venir ! Enervés, plutôt qu'épuisés, ils se demandaient peut-être si un courrier ne s'était pas perdu, si Richemont lui-même n'avait pas fait fausse route. Ce sont les hasards de la guerre. Ils tournaient anxieusement les regards du côté de Trévières. Tel est l'état d'esprit que

[1] D. Morice *Preuves de l'Hist. de Bretagne*, II, 1521. — Aujourd'hui encore les gens de pays parlent de l'arrivée quasi providentielle de Richemont.

me paraît traduire l'exclamation de Coëtivy : Dieu nous y amena monsieur le connétable ! C'est le cri du soulagement.

Combien de temps les Français auraient-ils pu encore prolonger leur résistance ? Evidemment nous n'en savons rien. Mais deux remarques permettent de penser qu'à l'heure où surgirent les Bretons, Kyriel était toujours loin du triomphe.

D'abord nous savons que les pertes françaises furent à la fin de la journée extrêmement faibles au regard de celles de l'ennemi. On soutiendra, il est vrai, que ce fut dans les dernières heures que les Anglais perdirent le plus de monde. Admettons que jusqu'à midi Kyriel ait gardé sous la main 5000 hommes au moins. Il n'en reste pas moins que l'armée de Clermont était pour ainsi dire intacte. Sa posture, à ce point de vue, n'était nullement désespérée.

En second lieu les récits de nos vieux auteurs rapportent à l'envi la panique soudaine que la vue des troupes de Richemont produisit dans les rangs ennemis : « Ce fut, dit Basin, une consternation. Tout courage les abandonna[1]. » Blondel est non moins affirmatif : « Leur « ardeur est rompue devant l'image de la mort. L'effroi « transforme en femmes ces farouches guerriers[2]. » Chartier enfin veut que la vue seule du connétable ait déterminé la fuite immédiate de Mathago, de Robert

[1] « Cujus adventum intuentes Anglici, omnino consternati sunt ani- « moque defecti ». Basin, I, 237.

[2] « Formido et subita mortis ymago barbarorum virtutem animi et « immanium vigorem membrorum frangit. Et ex doctis rei militaris « velut rustici imperiti, et ex ferocibus viris mulieres pavide effecti... » Blondel (dans Joret, p. 36).

Ver, de la cavalerie[1]... Exagération à part, ce n'est pas ainsi qu'on dépeint une troupe victorieuse, ou sur le point de l'être.

Cette discussion un peu longue peut se résumer en deux mots, qui précisent en même temps le rôle du comte de Clermont : la première phase de la bataille fut un véritable *combat d'usure*.

[1] Chartier, II, 196.

III

Marche du connétable de Saint-Lô sur Formigny. — Changement de position de Kyriel, — Fonction des Français. — Prise du pont. — Attaques décisives. — Pertes anglaises. — Fin de la journée.

Lorsque le connétable de Richemont avait reçu à Saint-Lô le dernier courrier de Carentan, il faisait à peine jour, car l'armée dormait encore. Il dut lui-même faire ouvrir les portes de la ville et sonner les trompettes. Ensuite, rapporte son biographe, il s'arma, « puis ouyt « la messe, » monta à cheval à la porte de l'église, et partit en avant sans plus attendre, suivi d'une simple escorte.

Au bout d'une lieue il dut s'arrêter, attendre ses Compagnies, et, quand elles eurent rejoint, leur faire prendre la formation de marche. En tête il plaça La Trémouille, avec 15 à 20 lances ; à l'avant-garde Luxembourg, Lohéac et Boussac. Les archers suivirent avec Gilles de Saint-Simon, Jean et Philippe de Malestroit. Enfin le gros des gens d'armes marcha avec le connétable, dont l'état-major comprenait Regnault de Veluyre, Pierre du Pan, Yvon de Treenna, Jehan Budes, Hector Mériadec, Jehan du Boys, Colinet de Lignères et Guillaume Gruel[1].

[1] Gruel, 205-206. — Blondel, 166.

Son itinéraire nous est inconnu [1]. Mais il arriva à Trévières, où il fut certainement renseigné sur ce qui se passait du côté de Formigny. Continuant sa route dans cette direction, il parvint à un moulin à vent qui, nous dit-on, dominait le village [2].

Il n'était pas loin de midi. Les éclaireurs et l'avant-garde avaient fait halte. Le connétable s'arrête à son tour pour examiner le terrain [3].

Mais les Anglais ont aperçu sur la crête une troupe en armes. Croyant à un renfort de Somerset, ils poussent des hurrahs de triomphe. Puis ils ne tardent pas à dis-

[1] J'ai déjà dit (page 40, note 2) que pour Chartier le connétable quitta Saint-Lô *à trois heures*. De son itinéraire nous ignorons tout, sauf qu'il aboutit à Trévières. Or il n'y a pas de route directe entre Saint-Lô et Trévières. En suivant une route indiquée par Cassini, on compte entre ces deux points 33 km. 300. C'est cette route que j'ai portée sur la Carte de la campagne de 1450, mais dans le seul but de combler la lacune des textes.

Cette hypothèse admise, en comptant encore 6 kilomètres à l'heure, et en ajoutant les divers retards dont parle Gruel, c'est au plus tôt à 10 heures et demie ou 11 heures que l'armée put atteindre Trévières. Mais de cette localité jusqu'au champ de bataille il y a encore plus de 2 kilomètres. On n'a donc pas aperçu le connétable avant 11 heures et demie.

[2] « Et comme monseigneur arriva à ung moulin à vent qui y est. tout « estoit meslé ». Gruel, 206 — « lequel avoit couchie ce soir a ung vil- « laige nommez Estrevieres [il n'y avait pas couché, mais il en venait], « et sestoit mis en bataille a la venue des dis Anglois a ung molin-a- « vent au-dessus du dit Formigny », Berry, 335. — Cf. Chartier, II, 195.

Le moulin n'existe plus, mais les gens du pays en gardent encore le souvenir. Son emplacement est hypothétique. M. Lambert, dans le *Mémoire* déjà cité, a cherché à établir qu'il était situé sur la commune de Formigny. J'ai indiqué en pointillé sur le croquis 1 la limite actuelle des communes de Formigny et d'Aignerville. M. Lair dit que le territoire de la paroisse de Formigny ne dépassait pas alors le côté nord de la route, et croit à une confusion.

En suivant les chroniques, on doit évidemment placer le moulin à peu près comme l'a fait M. Cosneau.

[3] Richemont a-t-il « marché au canon » comme le veut M. le général Hardy (*Orig. de la tact. franç.* 553)? D'après le récit qui précède, les couleuvrines s'étaient probablement tues bien avant qu'il pût les entendre.

tinguer les lis des étendards. Alors leur enthousiasme fait place à un morne découragement, ils se sentent perdus [1], et pensant voir, dans leur affolement, vingt mille hommes là où deux mille à peine sont en ligne [2] (ce que le père Daniel explique par la grande étendue du front qu'occupait le connétable [3]), ils n'ont plus qu'une idée : chercher une meilleure position de défense sur la rive gauche et dans le village.

On n'a pas perdu de vue que précisément ils s'étaient mis sur la rive droite afin de n'être pas tournés : « et « sestoient mis en ce lieu à fin que on ne peult venir à « eulx par derrière [4]. » Ils n'avaient pas prévu la manœuvre de Richemont. Kyriel, s'il restait en position, était cette fois coupé de la route de Bayeux.

Le connétable s'en rendit compte. « Le plus tost qu'il « peut fist partir partie de son avant-garde, et ceulx qui « gouvernoient ses archiers », dit Gruel [5], et Chartier ajoute « droit à un pont qui là est », c'est-à-dire contre l'aile gauche anglaise, « l'aisle d'embas ». Evidemment son intention était d'intercepter au plus vite la ligne de retraite de l'ennemi.

Kyriel comprit le danger. Aussitôt qu'il vit se prononcer le mouvement des Bretons, il donna l'ordre de traverser le ruisseau et de se replier sur le village, « il « se retira avec le corps de sa bataille pour gaigner un

[1] Blondel, 174.

[2] « adversariorum œstimatione plus quam viginti virorum armis « strenuorum millia ductare videtur ». Blondel, 176.

[3] P. Daniel. *Histoire de France*, VII, 262.

[4] Berry, 334.

[5] Gruel. 206.

« ruissel et le village qui là estoit[1]. » D'Escouchy parle à peu près dans les mêmes termes : « habandonna le « fort qu'ilz avoient fait de fossez et de pieux, et se « retira atout ses gens au plus près du dit Fourmigni[2]. »

Comment s'effectua le passage de la rivière ? Il fallait aller vite, menacé qu'on était d'une attaque du connétable sur la route. Nous savons d'ailleurs que les Anglais

[1] « Adonc le connestable fit marcher Gilles de Saint-Simon, messires « Jean et Philippe de Malestroit frères, messire Anceau Gaudin et le bas- « tard de la Trimouille, vaillant chevalier en armes, avec ses archers, « droit à un pont qui là est. Incontinent que les dits Anglois qui là estoient « apercceurent la venue diceluy connestable, Mathago et maistre « Robert Vey, avec bien mille Anglois en leur compaignie, s'enfouyrent « à Caen et à Bayeux [ce détail placé ici doit provenir d'une confusion « de Chartier]. Ce que voyant le susdit Kyriel, il se retira avec le corps « de sa bataille pour gaigner un ruissel et le village qui là estoit » « Chartier, II, 196. — Cf. Berry, 334-335. « Et quant les dits Anglais les « veirent venir, laissèrent le champ et vindrent sur la rivière pour la mettre « a leur dos. » Rapproché du précédent, ce texte est parfaitement clair.

[2] D'Escouchy, I, 283 — Cf. encore Blondel. 174 : « Vallum, fossas et « bellorum ordines dimittunt, terrore inconsulto pavefacti a loco munito « juxta torrentem retrocedunt ». — Enfin le passage de Basin relatif à cet épisode, bien qu'il le place avant l'arrivée de Richemont, est conforme aux précédents, et ajoute un détail utile : c'est que les Anglais cherchèrent surtout à se protéger contre les assauts de la cavalerie française. Or quel meilleur abri pouvaient-ils trouver qu'un ruisseau ? « Francorum equitum metuentes impetum (erant enim ipsi Anglici « majori ex parte pedestres), sese de castris prioribus ad quemdam « proximum locum, quem sibi tutiorem putabant, ad vitandum « impetum Francorum equitum, se retraxerunt ». Basin (dans Joret, p. 45). On voit que ces récits ne laissent pas de doute sur le mouvement des Anglais de la rive droite à la rive gauche. Voir la discussion approfondie de M. Lair, *Essai*, p. 33 et suiv.

Cependant M. Joret (p. 83 et suiv.) n'admet ni ce mouvement ni le double mouvement ultérieur de Richemont, que nous verrons passer de la rive gauche à la rive droite, puis de la rive droite à la rive gauche. Il interprète le texte de Chartier en écrivant « pour gaigner le ruisseau et le village (le Val) qui là estoit », et veut par conséquent que les Anglais se soient simplement adossés de plus près à la rivière. Mais à quoi cela eût-il bien pu leur servir ? Cette interprétation obscurcit, non seulement le récit de Chartier, ainsi que M. Joret lui-même le reconnaît (p. 85), mais aussi celui de d'Escouchy, comme on le verra plus loin.

Observons enfin que les deux mouvements : d'attaque par les archers

ne furent pas très sérieusement inquiétés. On doit en conclure que la plus grande partie d'entre eux utilisa les gués qui se trouvaient en amont du pont; le plus court et le plus sûr était en effet de passer au nord de la route[1]. Un certain nombre cependant, ceux de l'aile gauche, franchirent le pont; mais ils se heurtèrent aux archers de Richemont, qui firent parmi eux une centaine de victimes[2]. Cet engagement permit aux autres de commencer à se rassembler dans le village. Bientôt il n'y eut plus d'Anglais sur la rive droite du ruisseau (fig. 5).

Ce retour en arrière aurait pu être désastreux pour

de Richemont — et de retraite de l'armée anglaise, ont dû se produire en même temps. A prendre même à la lettre les passages cités précédemment, Kyriel se serait retiré à la seule vue du connétable (p. ex, Chartier : ce que voyant le susdit Kyriel, il se retira...). M. Lair dit au contraire : « quand il passa sur la rive droite du ruisseau, Gough et « Kyriel abandonnèrent leur position, et, changeant de front, gagnèrent « la rive gauche » *Essai*, p. 22. Mais je ne comprends pas comment la première idée de Richemont n'aurait pas été tout naturellement de prendre la position ennemie par derrière. Et il me semble voir cette tactique esquissée par l'attaque des archers sur le pont : seulement il fallut l'abandonner dès que les Anglais décampèrent, et qu'il parut certain qu'ils atteindraient le village avant nous. De plus, pour qu'ils aient pu s'y rassembler et s'y retrancher comme on le verra plus bas, on doit admettre qu'un temps assez long s'écoula entre l'apparition du connétable et la jonction de nos deux armées. Un mot de Nicole Gilles, vient à l'appui de ma manière de voir. Richemont, dit-il, passa la rivière « quand il vit que les Anglais la passaient ». *Les cronicques annales de France*, livre II, f° CVI, recto.

[1] J'ai porté trois points de passage sur mon croquis. Ce n'est, bien entendu, que pour indiquer le mouvement, et aussi parce qu'aujourd'hui des chemins coupent le thalweg à ces endroits. Je ne prétends nullement avoir représenté la réalité; je crois au contraire que les fantassins anglais ont dû franchir le ruisseau (peu large et peu profond) un peu partout.

[2] « Et les archiers allerent passer au bout de la bataille des Angloys « et de ceulx qui avoient fait la saillie sur noz gens; noz ditz archiers « en tuerent bien VI^xx, » Gruel, 206. — « Et au bout d'iceluy pont, des- « cendit à pied une partie des archiers du connestable, qui combati- « rent à l'aisle d'embas la bataille des Anglais, où il y eut plusieurs de « tuez et de pris. » Chartier, II, 196.

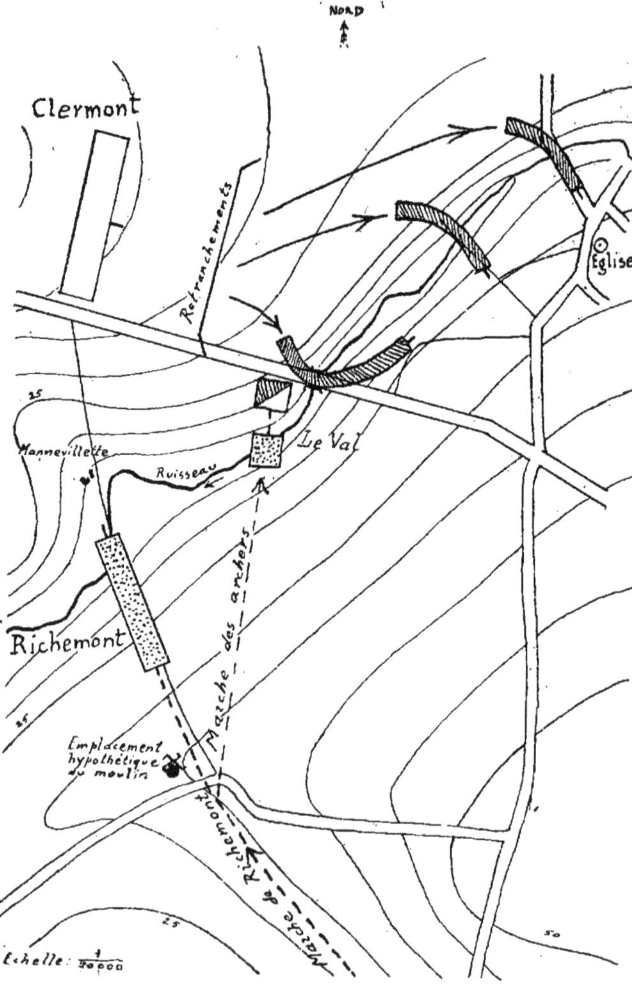

Fig. 5.
Retraite de Kyriel sur la rive gauche du ruisseau et passage de Richemont sur la rive droite.

Kyriel. Il constituait une véritable *manœuvre devant l'ennemi,* opération que la tactique d'alors condamnait déjà. D'après un contemporain (qui peut-être a assisté à la bataille), il faut y voir la véritable cause de la défaite des Anglais : « ilz se advisèrent d'aler prendre place « avantaigeuse et en y allant se desroyèrent et par ce « furent desconfiz. Et, pour conclusion, jamaiz une « puissance ne doit marcher devant une aultre ; et vaul- « droit mieux combatre au lieu où l'en rencontre ses « ennemis, depuis qu'ilz viengnent si prez[1]. »

Dans l'espèce, cette critique est peu justifiée. Car que pouvait faire Kyriel? Allait-il, pour ne pas lâcher pied, laisser couper sa ligne de retraite et menacer ses derrières ? Les Bretons l'auraient alors pris en flanc et en queue, pendant que Clermont l'eût poussé de front et jeté à la rivière. Au contraire, il vit que les soldats de Clermont, fatigués, usés par le combat de la matinée, n'inquiéteraient pas son mouvement rétrograde et il pensa avoir le temps, en agissant avec célérité, de gagner le village avant que le connétable pût rien tenter de sérieux pour l'en empêcher. Il fit preuve d'audace et de présence d'esprit.

Richemont fut forcé en effet de modifier sa tactique. Il avait pensé barrer une route à l'ennemi ; il allait lui falloir emporter un village. Il préféra, avant de s'y employer, se joindre d'abord à son collègue, et inclinant à gauche, passa le ruisseau à un gué qui se trouvait en en aval du pont. « Et vindrent à Monseigneur le Con- « nétable Monseigneur de Clermont, Monseigneur de

[1] Jean de Bueil, *Le Jouvencel* (Soc. de l'hist. de France), II, 65.

« Kastres... et joingnèrent noz batailles ensemble »[1].

Les Français étaient réunis. Enfin les deux généraux allaient pouvoir agir de concert. D'abord il fallait s'emparer du pont, que les Anglais, reformés sur la rive gauche, tenaient toujours. On y envoie les archers, qui rapidement le franchissent, suivis de près par les compagnies de Richemont et de Clermont. Nouvel et sanglant engagement : « et chargerent sur les dits Anglois... « Et la se combatterent aus dits Anglois dun coste et « daultre moult vaillamment, tant que en la fin les « desconfirent autour dicelle riviere [2] » (fig. 6).

Cette attaque détermina la débandade de la cavalerie de Gough et Robert Ver, que rapporte Chartier : « En conformant au langaige vulgaire, disant mieulx « valoir une bonne fuyte que une mauvaise attente, « s'enfuyrent et habandonnèrent leurs compaignons « tous des premiers, ayans le cœur failly [3]. »

Clermont avait pris au combat du pont une part active. A peu de distance de cet endroit il fit plus tard élever, en 1486, une petite chapelle commémorative [4].

Après ce premier avantage, profitant du terrain laissé

[1] Gruel, 207. — « Et adonc passa le connestable, avec le demourant « de ses gens, le dit ruisseau, et se joignit ensuite avecques le susdit « conte de Clermont, après que la susdite aisle d'embas des Anglois « feut desconfite. » Chartier, II, 196.

[2] Berry, 335. — « Et eulx mis ensamble, envoyèrent grant nombre « d'archiers audit pont de Fourmigni pour gaingner le passage, ce « qu'ilz firent en peu d'espace ; et incontinent ledit passage gaingné, « passèrent gens d'armes à toutte diligence. » d'Escouchy, I, 284. — « Et ne dura pas le combat demye heure. » Alain Bouchard, f° CLXXXV, recto. Du moins cette phrase me paraît s'appliquer à l'engagement du pont.

[3] Chartier, II, 197-198.

[4] La chapelle existe encore. On y conserve quelques armes trouvées sur le terrain.

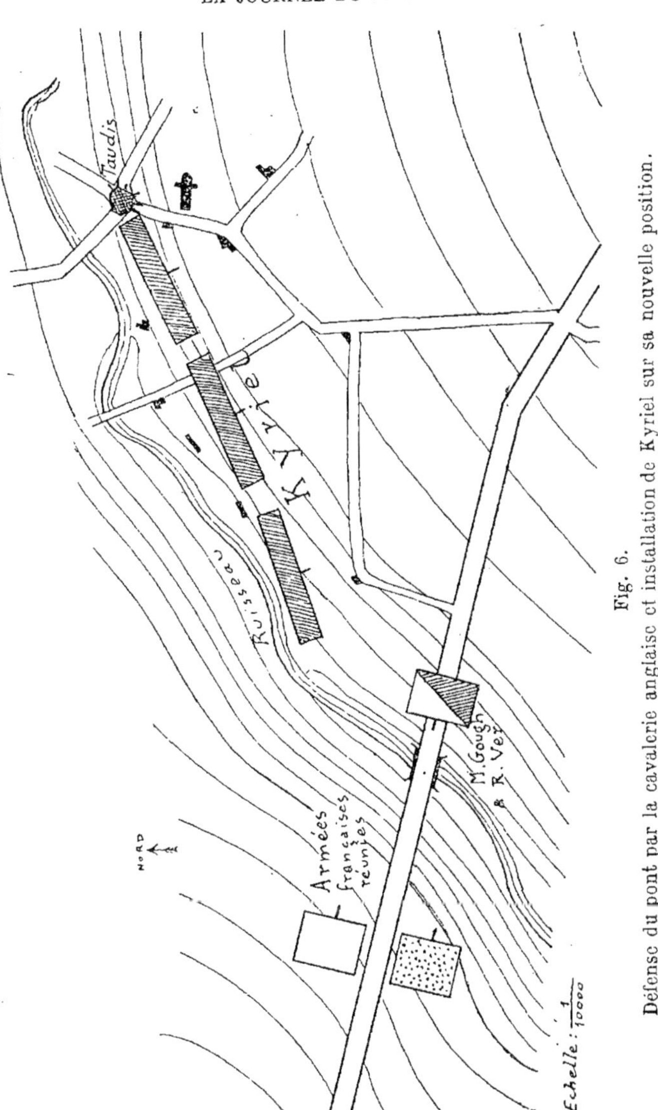

Fig. 6.
Défense du pont par la cavalerie anglaise et installation de Kyriel sur sa nouvelle position.

libre par la cavalerie repoussée, les Français se reformèrent alors face à la nonvelle position de Kyriel, « et « se mirrent, comme autres fois avoient fait, en belle « ordonnance et bataille, au devant desdits Anglois [1]. »

Revenons à ces derniers. Ils s'étaient retirés, nous dit-on, « pour gaigner un ruissel et le village qui là estoit [2]. » Kyriel, autrement dit, s'était adossé aux maisons de Formigny, et avait improvisé une nouvelle ligne de défense derrière les haies, les clôtures de vergers, etc.

Et toujours préoccupé de ne pas se laisser tourner, il avait fait établir à son extrême gauche une barricade plus solide que les autres, appelée par Gruel un *taudeis* (ou taudis) [3]. Si le village avait alors une topographie comparable à celle d'aujourd'hui, on peut croire que le rôle de ce taudis était surtout de barrer le chemin central, où l'ennemi pénétrerait facilement.

Malgré tout, une telle position n'était pas bonne. Kyriel en avait-il raisonné le choix ? Ou plutôt ses troupes, démoralisées, avaient-elles couru au village (*au point d'appui*, dirions-nous aujourd'hui), de telle sorte que le général dut accepter le fait accompli? Quoi qu'il en soit les Anglais, trop rapprochés du ravin, ne pouvaient même plus songer à battre en retraite, en cas d'insuccès. L'événement le prouva.

Richemont probablement s'en rendit compte au pre-

[1] D'Escouchy, I, 284.

[2] Chartier, II, 196.

[3] V. *Glossaire* de du Cange, v° *Tuldum*, en français toudis, tauldis, taudis : « Qui has voces vulgo usurpant pro incomposita rerum qua« rumpiam congerie, vel impedimentis, quœ nullo ordine in castris « jacent. » Les Anglais avaient eu peu de temps pour organiser leur défense. Evidemment ils avaient entassé en cet endroit des charrettes, des planches, etc... tout ce qui leur était tombé sous la main.

mier coup d'œil. Pendant que les forces françaises achevaient de se former en bataille dans l'angle des routes, il s'avança avec Coëtivy et lui demanda : « Que vous « semble, monseigneur l'admiral, comment nous les « devons prendre, ou par les boutz ou par le milieu ? » L'amiral, qui tout à l'heure avait essayé, on s'en souvient, *de les prendre par un bout*, répondit que la nouvelle fortification lui semblait difficile à emporter. « Et « monseigneur lui dist : Je veu à Dieu, ilz n'y demour« ront pas o la grace de Dieu [1] ».

A ce moment Pierre de Brézé vint proposer au connétable d'aller s'emparer du fameux taudis, qui flanquait l'aile gauche, « l'aile d'amont ou d'en haut ». « Et mon« seigneur pensa ung pou, puis dist qu'il estoit con« tent [2]. » La compagnie de Brézé s'ébranla donc la première, prononça son mouvement en tournant derrière l'église.

Au moment où elle abordait l'aile gauche, l'armée entière se portait à l'assaut, les gens d'armes contre le centre, les Bretons contre la droite, qu'ils réussissaient à prendre à revers[3], tandis que Brézé de son côté tournait la gauche enfoncée (fig. 7).

[1] Gruel, 207.

[2] *Ibid.* « Et a celle heure, Monseigneur le grant sennechal lui vint « demander congié de faire descendre son enseigne à ung taudeis que « les Angloys avoient fait ; et Monseigneur... » — « Puis incontinent « le grand Seneschal de Normandie vint demander congié audit con« nestable de faire descendre son enseigne vers l'aisle d'amont ou d'en « haut ; ce que le connestable luy accorda. » Chartier, II, 196. — D'Escouchy se borne à rapporter que Brézé « entre les autres se gouverna « moult bien et sagement et vaillamment. » I, 284.

[3] « Et continuo equidem turba connestabularii cum Anglorum exer« citu juncta, ambo strenui comites Britones a tergo, et cæteri eximii « bellatores a fronte, manu valida et præstanti animo hostium acies « rumpunt. » Blondel, 175.

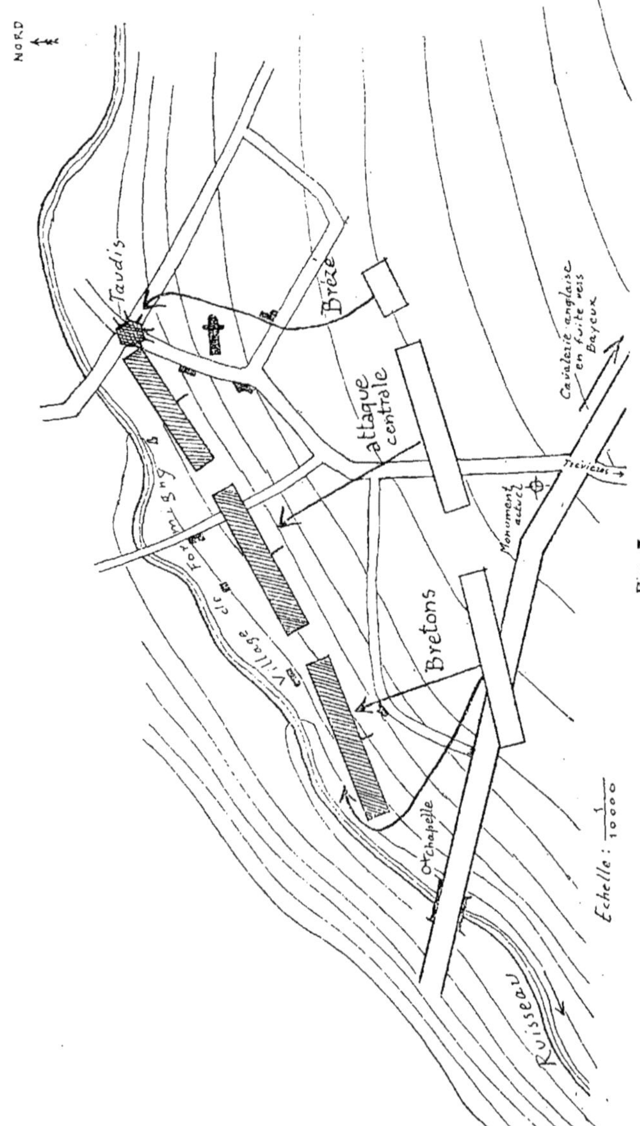

Fig. 7.
Attaque décisive après la prise du pont.

Déjà moralement battus avant cette attaque, les Anglais se trouvèrent par elle coupés « en deux ou trois parties[1] ». C'était le coup de massue pour Kyriel.

Ce qui suivit fut un massacre. Ceux des ennemis qui cherchèrent à se dégager de notre étreinte enveloppante furent traqués derrière les maisons, dans les jardins, ou culbutés dans la rivière, qui fut rougie de leur sang, suivant la tradition locale. Peu réussirent à s'enfuir[2]. Blondel rapporte que cinq cents archers, retranchés dans un verger, eurent beau implorer merci à genoux : ils furent égorgés jusqu'au dernier.

Le carnage ne fut pas seulement l'œuvre de nos soldats, exapérés par une lutte de près de huit heures, avides de sang. Les paysans y prirent part. Accourus de loin pour voir la bataille, désireux sans doute de trouver leur butin parmi les dépouilles des morts, ils s'acharnèrent sur l'ennemi vaincu. Le soir et les jours suivants tous les fuyards anglais trouvèrent la mort, sur les chemins, au bord des marais[3].

Il y eut pourtant des prisonniers, douze à quatorze cents, nous dit-on, dont 43 gentilshommes. De ces derniers quelques noms nous sont parvenus : Thomas Kyriel, Henri Norbery, Laurent Rameffort, Thomas Druicq,

[1] D'Escouchy, I, 285.

[2] Gruel, 207-208. — Chartier cite parmi les fuyards Henry Lours ou Loys, maître Meillan ou Merlin, « et ung autre cappitaine, réputé « d'ailleurs vaillant, qui avoit charge de 30 lapces et 500 archiers. » II, 197-198. — Waurin, V, 153.

[3] « Plures ab agrestibus, qui visendi pugnæ spectaculum seu spolia « consequendi gratia venerant, manu cruenta jugulantur. Tusis enim « Anglorum bellis, robusti quingenti sagittarii in hortum sentibus « densis circumseptum ut fortes viri invicem prosilirent... gladio con- « fodiuntur. » Blondel, 175. Cf. le même p. 204.

Thomas Kirkeby, Jehan Haise, Jennequin Vasquier[1].

Négligeons les pertes françaises, puisqu'aussi bien nous ne saurions corriger sur ce point l'invraisemblance des chroniques[2]. Il nous reste sur l'ennemi des renseignements plus exacts. M. Léopold Delisle a retrouvé dans une couverture de manuscrit un bulletin officiel rédigé sur le champ de bataille même. Nous y lisons que les Anglais perdirent 3774 morts[3]. C'est le chiffre que donnent aussi les récits les plus dignes de foi[4].

Au coucher du soleil, et « apprez que tout fut refroidié », on procéda à l'enterrement des cadavres, dans quatorze fosses. Clermont et le connétable donnèrent de l'argent pour assurer la promptitude de l'opération[5].

Puis les troupes se reposèrent. On fit sur le terrain un grand nombre de chevaliers. D'Escouchy dit que

[1] Berry, 336. — D'Escouchy, I, 285. — Blondel, 175. — Waurin, V, 153. — M. du Fresne de Beaucourt cite une lettre écrite le 5 mai suivant, où on lit : « Sir Thomas Kiriel is take prisoner and alle the legge « harneyse and abowte III m[l]. Englishe men slayn. » *Hist. de Charles VII*, V. 34, note 1.

[2] *Pas six* tués, pour le Chroniqueur du Mont Saint-Michel (S. Luce, *Chron. du Mont Saint-Michel*, I, 56). — *cinq ou six* pour Berry, 336, et d'Escouchy, I, 285, « dont il n'y avoit nulles gens de nom » — *huit* pour Monstrelet, Gaguin et Chartier. — *douze* pour Blondel, « non claro sed obscuro genere creti » ; — « de sept à huit vingtz » pour Waurin, V, 153. — « Grafton [un Anglais] remarque malicieusement que les « Français ont relevé avec soin le nombre des ennemis qu'ils avaient « tués, mais qu'ils se sont gardés de dire combien des leurs avaient « succombé ». Joret, p. 86.

[3] « Somme qu'il y a des mortz IIIm, VIIc LXXIIII, et des prisonniers de « douze à quatorze cens, ainsi que l'om les a peu comter. » L. Delisle, *Hist. du château et des sires de Saint-Sauveur-le-Vicomte*, 273, note 2.

[4] D'Escouchy, I, 285. — Chartier, II, 197. — Blondel (dans Joret p. 37).

[5] D'Escouchy, *id.* — Gruel, 207.

« a les tous nommer, seroit la chose trop longue », et il cite les noms de Clermont, de Castres, de Godefroy de la Tour, de Vauvert, Olivier de Coëtivy, d'Englure, Antoine Deullant. Chartier en ajoute quelques autres[1].

Le connétable alla coucher à Trévières, laissant au jeune comte l'honneur de passer la nuit sur le champ de bataille. Ils se réunirent le lendemain, et toute l'armée séjourna à Saint-Lô jusqu'au 20. Après quoi on se disposa à reprendre les opérations de sièges interrompues depuis près de six mois[2].

[1] D'Escouchy, I, 286. — Chartier, II, 198.

[2] Cosneau, 413.

CHAPITRE III

LES SUITES DE LA BATAILLE

Sentiments des contemporains. — Comment il faut apprécier les rôles de Clermont et de Richemont. — Délivrance de la Normandie. — Conclusion.

La nouvelle de la victoire, promptement répandue, produisit partout la plus vive impression. Les Français n'avaient pas, depuis vingt ans, remporté pareil succès en rase campagne (Patay, 1429). L'opinion y vit le signe de l'expulsion définitive des Anglais, une revanche éclatante d'Azincourt. Le roi d'Ecosse, Jacques II, écrivit à Charles VII, le 23 avril, une lettre de félicitation[1].

Les poètes accordèrent leurs lyres. Charles d'Orléans, qui avait de bonnes raisons d'applaudir aux défaites anglaises, s'écria :

> Resioys toy, franc royaume de France...
> A present Dieu pour toy se combat[2]

On célébra aux Jacobins de Rouen, le 19, une procession solennelle[3]. Les chroniqueurs ont même longtemps fait croire qu'une autre procession, de douze mille enfants, avait aussi eu lieu à Paris, entre l'église

[1] « De qua felicissima victoria ingentissima consolatione lætamur, et « gratias devotas Altissimo indefesse fundimus toto corde » citée par Stevenson, *Letters and Papers*..., I, 299.

[2] Cité par Sarrazin, *Jeanne d'Arc*, p. 498.

[3] Sarrazin, *Ibid.*

Saint-Innocent et Notre-Dame[1]. Mais il a été démontré que cette cérémonie doit être reportée à six mois avant la victoire[2]. Si j'en parle, c'est que l'erreur des historiens à ce sujet me semble significative de l'état des esprits.

Un important document historique a disparu, qui jetterait sans doute la lumière sur plus d'un détail obscur de la journée. C'est la tapisserie de Fontainebleau, qui représentait, nous dit-on, la bataille du Taudis et la bataille du Pont.

Malheureusement elle ne nous est connue que par les notes de Peiresc[3].

Comme tous les événements qui frappent l'imagination populaire, Formigny eut ses légendes. Tandis que les historiens anglais affectaient de considérer la journée comme tout à fait insignifiante, le bruit courait que Jeanne d'Arc l'avait annoncée[4]. Des astrologues, comme l'espagnol Louis de Langle, l'avaient prédite[5].

Blondel, grand glaneur d'anecdotes, ne manqua pas d'en recueillir quelques-unes. On avait prévenu les

[1] Chartier, II, 200-201. — Gilles Corrozet, *Les Antiquitez, croniques et singularités de Paris* (1586), 143. — Bonfons, *Les antiquitez et choses plus remarquables de Paris* (1608). — Sauval, *Hist. et rech. des antiq. de la ville de Paris*, III, 251. — Mézeray le répète aussi.

[2] Elle eut lieu le 13 octobre 1449, ainsi que l'a établi M. Vallet de Viriville, dans son édition de Jean Chartier, III. 329-330. — Elle est citée à la date exacte par le Bourgeois de Paris (Michaud et Poujoulat, III, 299).

[3] Lair, *Essai*, p. 29, note 1. Dans la 2e édition de son étude, le savant érudit a publié les reproductions de plusieurs dessins faits en 1621 devant la tapisserie même.

[4] « Quand on compare cette bataille avec une certaine prédiction de « la Pucelle d'Orléans, qui portoit que les Anglais seroient entièrement « chassez du Royaume, par une défaite bien plus considérable que « celles d'Orléans et de Patay. on est disposé à croire que cette Fille « n'étoit pas bien inspirée. » Rapin Thoyras, IV, 140.

[5] Vallet de Viriville. *Hist. de Charles VII*, III 199, note 1.

Anglais, nous dit-il, que leur sang coulerait *fore Vallo-niis*. Ils crurent qu'il s'agissait de Valognes, et se hâtèrent de quitter le Cotentin. Mais la prophétie trouva sa réalisation dans le *Val* de Formigny[1].

Le même auteur rapporte encore la confidence que fit à Somerset Robert Ver : « Je vis au milieu du com-« bat flotter dans les airs un étendard semé de calices « blancs, et j'entendis une voix me crier par trois fois : « Vengeance ! C'est alors que je pris la fuite[2]. »

Berry observe que 1450 fut précisément « lannée du « grant pardon general de Romme, que on appelle lan « de jubilee[3] ».

De nos jours on n'a pas perdu à Formigny le souvenir de la fameuse victoire où les paysans jouèrent leur rôle. On y connaît les noms de Richemont et de Clermont, on y raconte aux voyageurs, grosso modo, les épisodes de la journée. On montre le *Champ des Anglais*, le *Tombeau des Anglais*, et aussi, en aval du pont, un certain gouffre où la légende veut que le trésor de l'armée de Kyriel ait été englouti.

Revenons à l'histoire. On se préoccupa fort, paraît-il, dans le milieu des hommes de guerre et à la Cour, de savoir à qui devait être attribué l'honneur de la victoire, au comte ou au connétable. Charles VII trancha officiellement le différend en faveur de son gendre, qu'il avait investi du titre de lieutenant général pour la campagne. Richemont, à vrai dire, était connétable pour tout le royaume. Mais, dit Chartier, « en

[1] Blondel, 205.
[2] Blondel, 176.
[3] Berry, 368.

« tel faict l'espiciaulté derrougoit à la généralité[1]. »

Par contre, les historiens modernes sont portés à donner le premier rôle à Richemont, dont l'intervention détermina notre triomphe. On me permettra de rappeler que l'idée stratégique de la bataille revient du moins à Clermont. Les nombreux messages par lesquels il prépara la jonction des forces françaises en font foi. N'oublions pas non plus qu'au témoignage de Gruel, qui n'est pas suspect, le connétable paraît s'être prêté d'assez mauvaise grâce aux conceptions de son collègue[2].

J'ai longuement discuté plus haut l'attitude de Clermont pendant la matinée du 15. Ce que j'en ai dit n'avait pas pour but de diminuer la gloire de Richemont. Il est certain que le succès final fut en très grande partie son œuvre. Seulement il ne faut pas voir dans la victoire le résultat pur et simple de son mouvement. S'il n'était pas venu, dira-t-on, Clermont était perdu. D'accord. Mais on peut dire tout aussi bien : si Clermont n'avait pas *accroché l'ennemi*, qui justement allait partir pour Bayeux dans la matinée, la bataille n'aurait pas eu lieu, et l'arrivée de Richemont à midi n'aurait produit aucun résultat. Bien plus, Kyriel aurait opéré sa jonction avec Somerset, ce qui eût très bien pu changer le sort de la campagne.

Il faut reconnaître que l'intervention de Richemont ne fut due ni à un hasard heureux ni aux calculs de cet homme de guerre. Elle fut la conséquence prévue du plan arrêté par Clermont. Il faut attribuer au lieutenant général la conception et une partie de l'exécution ; au con-

[1] Chartier, II, 199.

[2] Ci-dessus, p. 22.

nétable l'achèvement, l'écrasement définitif de l'ennemi.

L'un et l'autre ont droit à une part égale de gloire. L'auteur du monument qui vient d'être élevé sur le champ de bataille, près de l'endroit d'où l'assaut final s'ébranla, a été bien inspiré en y représentant côte à côte les deux guerriers, qui se donnent la main[1].

Après la journée de Formigny, toute résistance devint en Normandie impossible aux Anglais. Ce qu'ils tenaient encore dans la province fut, en quatre mois, repris morceau par morceau. Vire capitula d'abord. Puis Richemont et le duc de Bretagne prirent le 12 mai Avranches. Le 16 Clermont et Dunois entrèrent à Bayeux. Après quoi vint le tour de la citadelle de Tombelaine, de Saint-Sauveur-le-Vicomte et de Briquebec. Valognes capitula devant Lohéac, Olivier de Broon et Couvran. Le roi assista en personne au siège de Caen et entra dans la ville triomphalement le 6 juillet. Il fallut quinze jours à Saintrailles et Jean Bureau pour réduire Falaise; vingt jours pour Domfront; un mois pour Cherbourg[2].

La date du 12 août (capitulation de cette dernière place) marque l'expulsion définitive des Anglais hors de la terre normande[3]. Œuvre difficile, qu'un an pourtant avait suffi pour accomplir (août 1449 — août 1450). « Jamais, dit le héraut Berry, si grant pays ne fust con-« quis en si peu de temps, ne a mains doccision de « peuple, ne a mains de dommaige[4]. »

[1] Ce monument, dû au sculpteur Le Duc, a été inauguré le 1er juin 1903.

[2] Le 1er juin Henry VI avait envoyé des munitions à Cherbourg. V. Stevenson, *Letters*, I, 516.

[3] Sur la fin de la campagne, voy. Cosneau, 413-421. — Beaucourt, V, 35-38.

[4] Berry, 368.

La domination anglaise, acceptée dans les débuts avec tranquillité et indifférence par la population normande, avait fini par se rendre insupportable et odieuse. Sa chute produisit dans toute la province un soulagement et une joie, qui s'exhalent dans le cri poussé par le Chroniqueur du Mont-Saint-Michel à l'adresse des anciens maîtres : « Dieu leur doint courage de jamès « n'y revenir[1]. »

Faut-il cependant attribuer une si prompte libération à la seule victoire du 15 avril ? J'ai montré au début de cette étude combien la conquête française était déjà avancée dans l'hiver de 1450. Sans doute un grand succès des Anglais eût retardé leur expulsion, de quelques années peut-être. Mais il est douteux que leur situation en Normandie se fût beaucoup améliorée. En sorte que la journée de Formigny, si elle ne fut pas la cause unique de la délivrance de notre grande province, du moins par l'anéantissement de l'armée de Kyriel, par la confiance qu'elle inspira aux Français et par la démoralisation qu'elle jeta en pleine Cour de Londres, hâta, précipita cette délivrance.

La terre normande n'a plus, depuis le XVe siècle, servi de théâtre à des spectacles comme celui que j'ai tenté de retracer. Si elle est destinée à revoir la guerre, si les noms de Cherbourg, de Valognes, de Carentan doivent une fois de plus retentir dans l'histoire, souhaitons que ce soit, comme en 1450, pour la gloire de la mère patrie.

[1] Luce, *Chronique du Mont-Saint-Michel*, I, 59.

TABLE DES MATIÈRES

Évreux, imprimerie de Charles Hérissey

www.ingramcontent.com/pod-product-compliance
Ingram Content Group UK Ltd.
Pitfield, Milton Keynes, MK11 3LW, UK
UKHW020202200726
13856UKWH00003B/1141